기일혜 작가의 끝나지 않은 이야기 ❷

내 인생 통째로 넘어갈 때

기일혜 작가의 끝나지 않은 이야기 ❷

내 인생 통째로 넘어갈 때

창조문예사

 머리말

   내가 소설가로 등단한 지, 올해로 49년이 된다.

   그동안 쓴 책, 선물하면서 살았다.

   등단(36세) 후, 곧 〈시와 소설〉 2인 동인지 7집까지 내면서— 빚내다 책 내서 머리에 이고 동네 우체국으로 가, 수십 권, 소설가들에게 보냈다. 54세부터 낸 수필집 50권도 출간 때마다, 수백 권 독자들에게 보내고.

   작년부터 새로 쓰는 산문집(시리즈)은 전보다 더 많이 선물하고 있다. 아버지 말씀처럼 "소설가는 제 살 뜯어서 쓰고, 다 뜯어먹으면 죽는다."

   그렇게 소설가는 자기 일 하다가 죽고… 책 안 읽는 시대에 평생 책 선물하면서 사는 작가. 어떤 이는 헛수고라지만 나는 책 선물이 가장 즐겁다. 책을 선물하고 무슨 대가를 바라겠는가? 그러나 주님 안에서 헛수고는 없다.

   언젠가 이 헛수고도 합력하여 선을 이루리라 믿는다.

2024년 1월 13일 기일혜

 차례

머리말　　　　　　　　　　　　　　　　　　5

1부_ 예쁜 것만 잘 보시는 당신

　1. 샌프란시스코에서 만난 목사님께　　　　12
　2. 연자야, 보낸 밥값 눈물로 받았다　　　　13
　3. 순임이 하고 만나면서 잘 지내라　　　　14
　4. 내일 만난다는 희망을 안고　　　　　　15
　5. 어이, 싱크대에서 온수가 나오네　　　　16
　6. 서울엔 자네 같은 사람 없네　　　　　　17
　7. 내 인생 통째로 넘어갈 때　　　　　　　18
　8. 걸어야 사는 소녀가 있다　　　　　　　19
　9. 나도 언니한테 통째로 넘어갔네　　　　20
10. 아버지가 좋아하신 셸리의 시구詩句　　21
11. 나 좀 편하게 살게 해주라　　　　　　　22
12. 남편 청소 안 시키는 아내　　　　　　　23
13. 딸이 없는 것 빼고는　　　　　　　　　24
14. 어머니 마음과 아들 마음　　　　　　　25
15. 아름다움은 삶의 동력이다　　　　　　　26
16. 손이라도 한번 잡아 봅시다　　　　　　27
17. 사람이 기도 할 때　　　　　　　　　　28
18. 이슬비와 싸락눈이 섞어 내리는 아침　　29
19. 코로나도 걸려봐야 안다고　　　　　　　30
20. 솥뚜껑 운전사 하면, 솥뚜껑 운전사 같이 되고　31

21. 묵은지 김밥과 생명 싸개 32
22. 자네가 부럽네 33
23. 어제부터 굶었습니다 34
24. 전진하는 숙영 님, 아름답습니다 35
25. 예쁜 것만 잘 보시는 당신 36
26. 글라디올러스 꽃 37
27. 더운 물 한 잔의 힘 38

2부_ 좋은 칭찬 한마디에 두 달은 살 수 있다

1. 눈의 문화, 귀의 문화 40
2. 그 시인을 모른다고요? 41
3. 외사촌 언니 만나고 오는 날 42
4. 한적한 지하철역 플랫폼에서 43
5. 내 책임 다하려는데 가로막는 것들 44
6. 피어난 꽃송이를 왜 세느냐고? 45
7. 그렇게 기쁜 일도 슬픈 일도 없어요 46
8. 가난 만드시는 곤노 목사님 부부 47
9. 당신 요새 말이 많아졌다고 48
10. 다시 만난 쑥부쟁이 아가씨 49
11. 내 밥줄 끊는 사람 50

12. 쌀이 떨어졌는데 51
13. 좋은 칭찬 한마디에 두 달은 살 수 있다 52
14. 크리스털 같은 요즘 며느리 53
15. 행운목 한 그루가 잘 자라서 54
16. 늦은 김장 하면서 먹는 야식 55
17. 김포 한강로에 사시는 정미 님 56
18. 밥 친구 해줘서 고마워요 57
19. 내 책 나왔다고 축하해 주는 사람 58
20. 내 인생 하도 기구해서 59
21. 자기 인생 책으로 남기고 싶은 사람 60
22. 반말이 이렇게나 정답다니 61
23. 기 선생님과 못다 나눈 이야기 62
24. 국수역에서 국수를 먹다 63
25. 멋 내다가 늦었어요 64
26. 저는 1부 성가대, 동서는 3부 성가대 65
27. 어머니 손이 따뜻해요 66
28. 세련됨은 소박함을 못 당한다 67
29. 동생을 존경스럽게 바라볼 때 68

3부_ 붉은 다알리아의 꽃말

1. 정열의 여인에게 70
2. 별명이 '큰 바위 얼굴'인 사람들 71
3. 옷에 어울리는 표정을 지어야 72
4. 쓸쓸한 날에 받은 전화 73
5. 거짓말, 할 수밖에 없을 때 74
6. 아기도 볼 권리, 알 권리가 있어요 75

7. 존댓말은 듣는 이 마음을 흐뭇하게	76
8. 피카소를 버린 여인	77
9. 난 왜 이리 욕심이 많나?	78
10. 새벽 3시 반에 깨어 있는 사람들	79
11. 보성군 호동 마을학교 동시집	80
12. 이 추운 날 평택에 가는 이유	81
13. 평택 동생이 차려준 밥상	82
14. 정처 없이 걷는 사촌과 나	83
15. 50년 바라본 르노아르 그림 앞에서	84
16. 모네와 르노아르	85
17. 네 아내를 키워내라	86
18. 나는 당신 손 안에 있다	87
19. 초록 그늘 만들어준 토마토나무	88
20. 이런 경비원아저씨도 있다	89
21. 어느 아버지의 추석 덕담德談	90
22. 붉은 다알리아의 꽃말	91
23. 동생 이웃에 사는 민혜 님	92
24. 돈 쓸 데, 찾는 사람	93
25. 이천 김 선생 댁	94

4부_ 선한 사마리아인법

1. 물질은 눈에 보이는 신神이니까	96
2. 선한 사마리아인법	97
3. 강매 선생과 오버 이야기	99
4. 흥분 안 하게 해주세요	100
5. 또 한 사람의 사촌 여동생	101

6. 방탄소년단(BTS)의 노래 "소우주"   102
7. 고요한 충격이 되는 독후감   103
8. 〈빨간 머리 앤〉 좋아하는 선하 언니   104
9. 헌 운동화 한 켤레가 만드는 기쁨   105
10. 평택에 사는 사촌   106
11. 천안에 사는 사촌   107
12. 하마터면 놓칠 번한 보화   108
13. 함박눈 쏟아지는 이른 아침에   109
14. 눈 오는 날의 전화 통신   110
15. 저를 용납해 주셔서 감사합니다   111
16. 떡과 커피, 어스름 저녁이 있는데   112
17. 하나님이 다니시는 길   113
18. 저녁에 온 두 방문객   114
19. 퀴리 부인처럼   115
20. 어째야 쓸까, 어째야 쓸까?   116
21. 자네가 달리 보이네, 멋있네   117
22. 내 눈엔 더러운 것도 안 보일 때가 있다   118
23. 나는 카프카는 아니지만   119
24. 당신을 만날 힘이 없습니다   121
25. 나는 왜 꿈속에서도 책 선물 하는가?   122
26. 가족이니까 이런 말도 하지요   123
27. 보일러 기사님과 남편의 대화   124
28. 90세 마담이 커피 가져왔습니다   125
29. '90세 마담 얘기' 다시 해주세요   126
30. 내가 남편과 결혼한 게 대대박이라고요?   127

1부

예쁜 것만 잘 보시는 당신

샌프란시스코에서 만난 목사님께

내가 60대에 미국 집회를 많이 다녔다. 몸도 약하고 차를 타면 멀미 잘하는 내가, 혼자 다니면서 30일, 50일 집회를 어찌 다 해냈는지 기적만 같다.

그때는 기적으로 사는 작가 강사였다.

그 무렵, 샌프란시스코 어느 교회에서 며칠 생활예배 강의했다. 담임 목사님은 강단을 내게 맡기고 비행기 타고 LA 어디로, 무슨 설교학 강의 들으러 다니신다고 했다.

그분은 다녀와서 그날 배운 걸 다음날, 몇 교인들과 강사인 내가 있는 자리에서 스스럼없이 말했다.

"설교는 구어체로 말하듯이—

기일혜 강사님같이 하라고 하대요."

그 말씀에 어리둥절한 나. 어떤 목회자가 교인들과 강사가 있는 자리에서, 저런 말 할 수 있을까? 그 목사님이 보이신 정직, 겸손, 순수함— 교인들에게 정직과 겸손한 삶만 본 보여도 목회 잘 하시는 것 아닐까? 그 목사님께 늦게나마 안부 전한다. 목사님 목회 잘 하고 계시지요?

연자야, 보낸 밥값 눈물로 받았다

 초등학교 5학년 때 가르친 제자 순임(시인)을 서울에서 만났는데, 봉투를 꺼내면서 말한다.
 "선생님, 연자가 선생님 점심이라도 사드리고 싶다고, 10만 원 드리고 오라고 하네요."

 연자는 순임과 5학년 때, 한 반으로, 그때 담임선생님이던 나를 보고 싶어 하고, 밥이라도 같이 먹었으면 하면서 밥값을 친구 편에 전한다. 그 돈을 안 받고 싶었지만 그가 요즘 병원에서 퇴원해 지내기에, 그 마음 기쁘게 하려고 울컥하면서 받고, 연자에게 글 보낸다.

 "연자야, 봄 되면 선생님이 밥 사주러 갈게.
 네가 서울에서 나(선생님) 밥 사줬으니—
 나도 너 밥 사주러 가야지.
 순임 편에 네가 보낸 밥값 10만 원, 눈물로 받았다."

순임이 하고 만나면서 잘 지내라

"연자야, 자네라고 한 것보다, 연자야 한 게 더 좋지?"
"예 그래요. 더 다정하게 들려요."
"밥 잘 먹고 편한 맘으로 지내라. 그래야 봄에 내가 갈 때, 건강하게 만나지."
"예… 선생님 자랑 많이 하고 다녀요."
"…순임이 하고 자주 만나면서 잘 지내라."

내년 봄 4월에 서삼면 세포리, 순임 작은 아버지 별장 집에서, 우리 셋이 만나기로 한다.

초등학교 제자 순임. 연약하고 착해서 내 맘에 있었는데, 이렇게 만나게 되고. 연자가 선생님 보고 싶어 하니, 내년 봄에 만나자고 약속한다. 마음에 있으면 실제로도 만나보게 되는가?… 사람이 맘으로 영원永遠 사모하니 영원이 있고.

'온전한 사랑' 그리니, 온전한 사랑이신 예수님 계시고.

눈이 나빠, 선생님 책 하루 한 페이지 본다는 연자야.
내년 봄, 선생님이 너 밥 사주러 간다.

내일 만난다는 희망을 안고

순임 제자가 서울 아들 집에 와서 또 만났다.

12월 가장 추울 때(-12도, -13도) 세 번이나 만났다. 추운 지도 모르고 쌍문역으로 가서, 점심 먹고 차 마시고. 오후 3시 넘어서 돌아온다. 누가 김장하라고 준 배추 7포기 다용도실에 그대로 놔두고, 연말이라 있는 몇 만남도 미루고.

'서울에서 만날 사람 나밖에 없다'는 순임은 내게 소중한 사람이다. 그가 연약하기에, 더.

그날, 두 번째 만났을 때. 나는 제자가 내일 가는 걸로 알고 있었는데, 모레 간다기에, "그럼 내일, 뭐할 것인가?… 우리 또 만날까?" "선생님, 지금 제가 기다리고 있던 말씀이네요… 그러잖아도 내일은 뭐하며 보내지 했는데…"

"나도 내일 자네 만난다는 희망이 생기네."

그와 헤어지면서, "우린 내일 만난다는 희망을 안고 가네. 희망 있는 사람은 힘차— 내가 힘차게 사는 건, '난 죽어도 영원히 산다(예수님 믿고)'— 그런 희망, 소망 있기 때문이네."

어이, 싱크대에서 온수가 나오네

혹한이 계속 되는 날. 일찍 제자 만나러 지하철로 쌍문역 향해 가고 있는데, 남편 전화다.
"어이, 싱크대에서 온수가 나오네."
"그래요, 온수溫水 나온다고요? 그걸 알려주려고… 고마워요, 여긴 명동역입니다."

입주한 지 10년이 넘어가면 보일러도 가끔 고장이 나고. 간밤에 더운 물이 잘 안 나와서 내가 투덜거렸는데, 그걸 기억하고, 외출하는 아내에게 맘 편히 가라고.

제자 만나, 그 얘기하며, "내가 유치하니까 남편도 유치해져가네? 온수 나온다고 전화하고."
"선생님, 부부가 닮아가야 살아요."
"자넨 아는 것도 많네."
그는 순하게 참고만 살아서, 그렇게 살면서 얻은 아픔들이 많다. 그런 아픔들이 그의 시 쓰는 원천이 되었나?
그의 참음은 곧 애잔한 사랑이다.

서울엔 자네 같은 사람 없네

고결함, 애잔한 사랑 안고 산 제자에게 그날 내가 벅찬 말, 한 것 같아 전화한다. "내가 좀 쎈(강한) 데가 있네…"
"그래야 약이 되지요." 전에 제자 만났을 때도,
"난 냉정한 데가 있네." "그래야 큰일 하시지요."
제자 같은 사람 서울에 있을까? 내 주위엔 없다.

그날 얘기 중— 그가 어렸을 때, 굶기를 밥 먹듯 하는 이웃에게 엄마 몰래 쌀 퍼다 주다 매 맞았다 하기에,
"나도 가족들 먹을 것 안 남기고 남 줘버린다고 불만이야. 자네하고 나는 많이 닮았네." "선생님하고 저는 같은 땅(서삼면)에서 나서 자랐어요… 책에서 봤는데, 태어난 곳에서 백리 안에서 난 걸 먹어야 건강하대요." "내년에 우리 고향에 가서 연자랑 쑥전 부쳐먹고, 상추 뜯어서 쌈 싸 먹세."

그런데— 내 육신 고향은 장성군 서삼면, 영혼 고향은 예수님 계신 천국. 가난한 사람 가장 사랑하신 예수님이 내 친구인데, 그분처럼 나도 가난한 이웃 돌보면서 살아야지.

내 인생 통째로 넘어갈 때

내 책, 친구가 동생에게 줬더니 읽고서, 말한다.

"언니, 작가님(기일혜) 만나려면 대학원에라도 등록해야 할까?" 그 말, 전해 듣는 순간— 그 동생 순진무구함에 내 인생, 통째로 넘어가 버린다.

젊은 날, 한 친구와 사귈 무렵, 그의 집에 갔다.

그는 과민한 성격인데 대화 도중, 내게 무례한 말을 해서, "당신과 더 얘기할 수가 없네요." 나는 일어섰다.

그가 내 치마를 붙잡고 "기일혜 씨, 당신마저 나를 버리면 나는 어떻게 해!…" 나는 그 자리에 주저앉고 말았다.

그 순간, 친구에게 내 인생 통째로 넘어간 것.

이번에도 원고 청탁한 장 선생 친절에 넘어가서, 내 산문집(시리즈) 외엔 안 쓰는, 글을 쓰고… 새해엔 사람에게 안 넘어가야지— 이게 내 신년 계획이다. 허나 사람에게 가끔 넘어도 가야지, 아주 안 넘어간 사람은 왠지 좀 무섭기도 하다.

걸어야 사는 소녀가 있다

어제 시골 동생과 전화했다. 그는 별명이 FM, 규칙적이고 정확한 사람을 그렇게 부른다고 한다.

동생은 어제 대화 중에 "…한 30분 걷다가 와서 점심 먹으려고, 오전 오후 나눠서 걸으려고 해요."

이런 말도 한다. "○○언니가 친구들하고 걷는 모임 이름이 걸산부대(걸어야 산다)라고, 그래서 나는 '걸산 소녀'라고 했어."

"'걸어야 사는 소녀'라고. 너 참 재미있다."

"아니 일부러 생각한 게 아니고, 뭐 하다가 갑자기 그런 말이 떠오르더라고…"

그 동생 말이 재미있어서,
한참 걷고 있을 연약한 동생에게 격려의 글 보낸다.
"걸산 소녀여! 2024년, 건강과 평안은 그대의 것—"
곧 동생이 화사한 목련꽃 목소리로, "언니 문자 봤어요."
그의 기분 맑음에 나는 더 기분 맑아지고.

나도 언니한테 통째로 넘어갔네

 시골 동생과 무슨 얘기 중에 하는 내 말이다. 이번 책 제목— 여러 후보 중 하나가 〈내 인생 통째로 넘어갈 때〉다 하니, 동생이 그 제목이 좋다고 하면서 하는 말이 이렇다.

 "언니, 내가 아까 느닷없이 생각이 나대요… 그 아프신 선교사님 드리세요. ○○ 원 보냈어요."
 동생은 막 웃으면서 "나도 언니한테 통째로 넘어갔네."
 "그런 너한테 나도 통째로 넘어간다.
 우리는 다 하나님께 통째로 넘어간 사람들 아니냐?"

 "네 마음, 목숨, 뜻을 다하여 하나님과 이웃을 사랑하라 하시는데"(마태복음 22:37-39), 그러나 육신이 약한 나— 마음만 드리고, 내 인생 통째로 넘어갔다고 엄살부린다.
 이 엄살도 받아주시리라 믿고.

아버지가 좋아하신 셸리의 시구詩句

추운 겨울 어느 한 날, 시골 동생이 보낸 글이다.
"언니! 인터넷에 셸리의 시 '서풍의 노래'를 치면 맨 마지막 부분에 우리 아버지가 생전에 좋아하신 싯귀(시구)가 있네요. 저는 be라는 동사를 뺐네요. 참고하시고 건강하세요."
"오냐, 이제야 봤다. 고마워, 잘 먹고 즐겁게 지내라." "네."

'언니!' 언니 이름 뒤에 붙인 감탄사가 가슴을 뭉클하게 하고. '우리 아버지가 생전에 좋아하신 싯귀'도 가슴 벅차다.
동생의 '전(저는) be라는 동사를 뺐네요.'도 그의 겸손함과 지식을 말해주고… 아버지가 한겨울이면 안방 문 위 벽에다 써 붙여놓고 방안을 왔다, 갔다 하며 읊조리신 시구.
"겨울이 오면 봄도 머지않으리— If Winter comes, can Spring be far behind?

아버지가 중년에 하신 말씀— 인생 매력은 "영어와 문학"
아버지가 예수님 믿기 전, 책만 보던 때 하신 말씀이다.

나 좀 편하게 살게 해주라

한 50년 전, 창경원 뒷담 옆에서 셋방 살 때의 주인 할머니. 그는 젊은 날, 새벽부터 창경원 청소해서 돈 모았다.

잘 살게 된 그때도 여름이면 구멍이 송송 난 러닝셔츠 입고 있다. 내가 물으니, 새 러닝 입으면 불안, 헌 옷 입고 있어야 맘이 편안하다고. 가난 만드는 나도 좀 그렇다.

남에게 드리는 건 후한 편이지만 내 몸엔 야박해서, 친구나 동생들이 주는 헌 옷(새 옷 같은)이 맘 편하다. 친구들, 동생들 취향 따라 다양한 미감美感의 옷 즐길 수도 있고.

돈, 시간 절약, 쓰레기도 줄이고 1석 3조다.

나는 아직 지하철로 외출이 가능하다. 바지에 운동화 신고 배낭 메고 지하철에 오르면 어디라도 갈 수 있다(세계 어디라도?). 이런 내게 누가 승용차로 가자고 하면 불편하다.

지하철이 시간 정확하고 안전. 더 좋은 건 혼자 맘대로 자유롭게 생각할 수 있다는 것— 이 얘기, 특히 며느리들은 명심하고 아들들도. 아버지(남편)는 내 생각과 다르니, '그때, 그때' 잘 참고해서.

남편 청소 안 시키는 아내

오늘 동생들을 만났는데, 한 동생 말이다.

"…난 유미 아빠(동생 남편), 청소 안 시켜.

나도 하기 싫은데, 남편은 얼마나 싫겠는가."

나는 곧 동생에게 배운 대로 실천— 지금도 집안 청소는 거의 내가 하지만, 선포(?)를 하면 남편이 집안 청소에서 완전 자유로울 것 같아, 그야말로 남편에게 선포한다.

"앞으로 집안 청소는 내 전담, 청소에서 완전 자유하세요. 동생한테 배웠어요."

노년 남편을 '집안 청소'라는 압박에서 완전히 해방시킨다. 맘만 먹으면 집안 청소 별거 아니다. 평생, 가족 부양하느라 애썼는데, 집안 청소까지— 그 뒤 남편은 청소에서 자유롭고 편안한 얼굴? 선포한 대로 실천하면서 나도 부지런해지고, 부부 사이가 좀 너그러워졌다고나 할까.

"다 같이 늙는데 불공평하다!" 아내여, 불공평 아니다.
남편과 아내가 맡은 임무가 다를 뿐이다.

딸이 없는 것 빼고는

친구가 자기 집에 차 마시러 간 나와, 대화 중에 허물없이 한 얘기다. "…작가님은 딸만 없어서 그렇지…"

의외의 말이라 무척 놀라면서 평소에 갖고 있던 내 생각을 말한다. "한 번도 딸이 있었으면 하는 생각, 해본 적 없어요. 내 속성에 딸이 다 들어 있으니까요. 그리고 내게 주어진 삶이 너무 벅차— 딸까지 감당해낼 힘이 없어요.

나는 누구에게나 내가 할 의무를 먼저 생각해요. 아들은 길러 며느리에게 전적으로 맡기니 홀가분하지만 딸은 두고 두고 내 마음을 보내야 할 것 같아서… 딸 없는 게 남편한테 좀 미안하지만— 아내는 남편의 어머니, 연인, 친구, 스승, 딸 역할도 해야 한대요. 남편에게 딸 노릇도 잘 하려고 해요… 내겐 남편, 아들이면 돼요. 작가인 나, 딸까지 품을 여력이 없어요."

이웃의 가난하고 연약한 젊은 여인들,
생각을 넓히면 다 내 딸들이다. 내가 주제넘은가?

어머니 마음과 아들 마음

 친구 따님 결혼식장 있는 판교, 남편과 사전 답사하고 또 수원예식장(친척 결혼)도 가보려고 점심때라 식당에 앉았다.

 내가 하는 말, "어디 가려면 밥이 안 먹혀, 나오면 곧 허기져요…. 방배동 언니가 외국 여행 갈 땐 꼭 오빠하고만 간대요. 언니도 몸이 약해 갑자기 몸에 힘 빠지고 안 좋을 때가 있는데, 그때 오빠가 잘 해준대요. 건강하고 영어에 능통한 남편과 외국여행 가끔 가는데, 언젠가 오빠 부부가 회갑기념으로 외국여행 갔어요. 부모에겐 회사 일로 미국 출장 간다 하고… 귀국이 늦어지자 어머니가 나한테 전화했어요.
 '늬 오빠가 회사 일이 안 돼 귀국 못 하는 것 아니냐?… 밤마다 들창 밑을 내다본다. 혹시 잘못 돼서, 남의 눈 피해 와 거기 서 있는가 하고…' '밤마다 들창 밑을요?'
 오빠 회사로 전화하니 '50일 여행' 잘 하고 있다고…"

어머니 마음과 아들 마음, 비교나 하겠는가.
이 땅의 어머니는 다 하나님 사랑의 대행자다.

아름다움은 삶의 동력이다

"음악도 미술도 철학도 운동경기도 인생도 최고의 경지에 가면 예술이 됩니다."

그렇듯이 옷도 최고로 아름다우면 예술 작품이다. 내게 그런 옷이 있다. 3, 40년 전에 구입한 면 원피스. 며칠 전에 그 옷 입으면서, 그제야 알았다. '아, 이 옷은 예술이구나!'

그 옷의 예술성을 미처 다 못 느끼다가, 나이 들어 내 미감이 풍부해질수록 더 느껴진다고나 할까?

며칠 전 그 결혼식장(판교)에 남편이랑 사전답사 갈 때, 그 옷 입고 갔다. 예술 작품인 옷을 남편과 외출할 땐 한 번도 입은 적 없어, '남편에게도 그 아름다운 옷 보여주려고.'

누가 들으면 한가한, 정신 나간 얘기라고 할까?… 그러나 이런 말이 있다. "아름다운 것을 보면 삶의 활력이 느껴진다." 어디 아름다움뿐이랴!… 누가 진실한 것만 봐도, 누가 이웃을 위해 헌신하는 것만 봐도, 내 삶에 대한 의욕이 솟는다. 진선미眞善美는 인간 삶의 동력이다.

손이라도 한번 잡아 봅시다

 정수기 코디 님이 오신 날. 남편이 집에 있기에, 곧 외출하면서, "코디 님, 이렇게 급히 나갑니다…"
 그때— 갑자기 코디 님이 손을 내밀면서,
 "어머니, 손이라도 한번 잡아 봅시다…"
 "코디 님 손이 참 따뜻하고 부드럽네요. 내 손은 거친데…"
 "아니어요, 어머니"
 나는 당황한다. 어머니라는 말과 그의 다정함. 나는 지금 그와 달리, 어떤 딴 생각으로 이성理性적인데, 저 코디 님은 소박한 성심誠心이시구나… 그 성심 받을 수 없다는 가책에서 순간적으로 내가 하는 말.
 "작가는 냉정합니다." 그가 또 순진하게 받는다.
 "아니, 따뜻하신데요. 뭐…"
 "제 기준에서 하는 말이어요. 보통 사람 입장에서 보면 따뜻하다고도 하겠지요만…"

 이 복잡한 말, 그가 이해할까? 그에게 실례의 말이었다면 가슴 아프다. 코디 님, 용서하셔요.

사람이 기도 할 때

어느 친구 따님이 출석하는 교회에서 며칠 특별 집회하는데, 따님도 퇴근하고 참석한다. 직장 일로 바쁜 그가, 그 집회 참석해서 기도하고… 한번은 엄마에게 이런 말 한다.

"엄마, 작가님 기도도 했어.
엄마와 같은 무게로 했다니까요."

기도한 따님의 영혼이 숭고하게 느껴져—
한동안 말을 못 하고 있는 나.
'작가님 기도도, 엄마와 같은 무게로 했다니까요.'

어머니나 작가나 하나님 앞에선 다 같은 자녀니까. 동등하게— 예수님 이름으로 기도할 때,
사람은 혈육도 초월해서, 누구나 동등하다.

이슬비와 싸락눈이 섞어 내리는 아침

이슬비와 싸락눈이 섞어 내리는 아침이다.

얼마 전 몸이 안 좋아서 하루 종일 하늘의 구름만 보면서 했던, 내 속에 말이 생각난다.

'…구름은 지금 내게 무한 신비로 꽃이나 흰 눈보다 더 내 환상을 먹여 살리고 있구나….'

그러면서 꽃과 흰 눈에게 미안하다는 생각이 어렴풋이 들었는데, 오늘 아침에 정식으로 사과한다. 미안하다… 흰 눈송이는 겨울에만 볼 수 있고, 꽃도 꽃밭 찾아 가야 보니까, 자주 볼 수 없는 불편함 때문이다. 그래도 흰 구름송이는 맑은 날이면 사시사철 어디서라도 만날 수 있어서 내 환상을 먹여 살린다. '구름아 너를 따를 환상이 없구나!'

내가 늙고 몸이 아프니, 실리주의가 되어가는구나.
흰 눈이여, 꽃들이여. 다시, 미안하다. 그래도 너희들만큼 나를 화들짝 놀라게 하는, 충격적인 싱싱한 아름다움이 어디 있겠니?

코로나도 걸려봐야 안다고

 남편이 코로나 양성 반응이 나왔다고, 며느리가 새벽 배송으로 산더미(?)만 하게 식재료를 보냈다. 다른 며느리한테는 식재료가 많이 왔으니 너는 보내지 말라 했더니, 다음날 아침 일찍 이것저것 사가지고 와서 현관문 앞에 놓고 간다.
 가면서 하는 말이 재미있다.
 "어머니, 이건 미쉐린 가이드 나온 음식점에서 산 굴전이고, 이건 동지팥죽, 이건, 곰국거리니 두고 잡수셔요." 설명하고 선걸음에 간다.

 그 뒤 얼마나 지났을까, 그 며느리가 코로나 확진.
 내가 그 며느리에게 전화한다.
 "애야, 미쉐린 가이드 나온 음식점 어디 있니?" "왜요?"
 "나도 거기 가서 너한테 음식 좀 사다 주려고."
 "아이그— 어머니도, 괜찮아요." "그러니?…"
 코로나도 걸려봐야 걸린 사람 심정 안다고, 남편이 코로나 걸리니 며느리들과 더욱 가까워진다.
 "세상에 버릴 건 없다" 이 말이 다시 생각한다.

솥뚜껑 운전사 하면, 솥뚜껑 운전사 같이 되고

 내 방, 나무 장의자를 거실로 꺼내 남편 쇼파와 기역자로 놓고 남편과 마주보니 부부간 대화가 더 살아난다.
 그러면서 '이 거실에 친구를 불렀으면…' 친구와 오붓이 마주하고서 슬프고 슬픈 인생 이야기를 하고 싶어진다. 그러나, 내 거실에서 차 마시며 대화할 친구도 거의 없는 지금.

 "여보, 우리 거실 지금이 가장 아름다워요… 내 미의식이 날로 발전하나 봐요. 비결은 내가 어떻게 바꾸든지 당신이 가만있어서, 내 창의성이 개발된 것이지요."
 "설치미술가(?)가 했는데 내가 뭐라고 할 수 있나?"

 아담(남편)이 부른 이름이, 그 이름 뜻(본질)과 같은 존재가 된다고 하듯, 남편이 '설치미술가' 하니, 나도 설치미술가 되어 가는가? 남편이 아내를 무어라 부르는가가 중요하다고.
 '솥뚜껑 운전사'라고 하면 솥뚜껑 운전사 같이 된다고.

묵은지 김밥과 생명 싸개

'동네 마약김밥 집' 왜 마약김밥이냐고 물으니,
"마약처럼 한번 먹어본 사람이 계속 좋아하라고요."
캐나다 밴쿠버에 강사로 갔을 때, 강사 대접하는 어느 가정집에 갔다. 식탁 중앙 커다란 접시에 밥알이 밖으로 튀어나오게 싼 동글동글한 김밥이 대형 접시에 수북이 쌓여있다.

이름이 '나체 김밥' 김 속에 있어야 할 밥알이 밖으로 나왔다 해서 나체 김밥일까? 이름이 좀 민망했다.

얼마 전, 친구 집에 갔더니 오늘 점심은 '묵은지 김밥'이라고. 묵은 김장김치 씻어 꽉 짜 양념해 넣고, 오이도 넣고… 개운해서 좋다. 김밥, 유부초밥 등, 뭘로 '꼬옥 포옥' 싸면 그 맛이 오묘해진다. 내가 가장 좋아하는 쌈밥은, 묵은 김치 넓은 이파리로 포옥 싼, 김치 이파리 쌈밥.

성경에도 '생명 싸개'라는 말씀이 있다. "…내 주(다윗)의 생명은 내 주의 하나님 여호와와 함께 생명 싸개 속에 싸였을 것이요…"(사무엘상 25:29).

내 생명은, 내 주 하나님 생명 싸개 속에 있다.

자네가 부럽네

추석 앞두고 동생들이 왔는데, 한 동생 이야기다.

"얼마 전 지하철 탔는데, 어떤 여자가 '남편이 아픈데… 조금만 보태주세요…' 그땐 못 주고, 다음에 만나서 5천 원 주고. 그날 오후, 시장에서 장 보는데 어떤 장애우가 길바닥에서 온몸을 비틀어 꼬면서 구걸해서, 나 같으면 저런 자세로 한참도 못 있겠다 싶어 5천 원 주고… 집에 와서 남편한테 말했더니, 남편이 뭐라고 한 줄 아는가?…"

다른 동생과 나는 "자네 잘했네, 했겠지…."

그러나 전혀 예상 밖의 제부 말.

"자네 운 좋았네(부럽네)."

제부는 착한 일 하고 싶어 준비하고 있는 어린애 같은 사람. 아내가 하루, 선행할 기회를 두 번이나 얻은 걸 행운(?)이라고 부러워하는 남편이다.

어제부터 굶었습니다

어느 날. 오이도행 전철 안이다.

노인석에 앉아있는데, 어떤 시커먼 남자 노인이 구부정하게 허리를 굽히면서 맞은편 노인석에 대고 계속 하는 말이다. "…어제부터 굶었습니다…"

나는 얼른 지갑을 열어 5천 원 꺼내, 그 할아버지가 내 쪽으로 와서 허리 굽힐 때 드린다. 할아버지가 사라지자, 옆 할머니가, "아이구, 저 사람들 말짱 다 거짓말이오. 저렇게 돈벌이 한다고." 맞은편 할머니들도 이구동성으로, 돈벌이시킨 사기꾼한테 갖다 바친다고 내게 무안 준다.

어떤 할머니만, "나중에 그 돈이 어디로 가든지 말든지, 돕고 싶은 마음을 어쩌겠어."

나는 큰 잘못 저지른 사람처럼 입 다물고 속으로만 생각, '내가 저 굶주린 할아버지께 드린 건 예수님께 드린 거야. 저 할아버지가 사기꾼에게 바치든 아니든, 그건 내 소관 아니라고.' "…너희가 여기 내 형제 중에 지극히 작은 자 하나에게 한 것이 곧 내게 한 것이니라 하시고"(마태복음 25:40)

전진하는 숙영 님, 아름답습니다

오래 전 내가 출석하던 교회 구역식구인 숙영 님.
계속 공부하며 전진前進하는 숙영 님(60세)이 보낸 글이다.

"요양보호사 첫 수업, 자기소개 시간에 나의 이름, 내가 사는 곳, 내가 좋아하는 계절, 내가 좋아하는 꽃, 내가 존경하는 인물. 왜 요양보호사를 하는가?… 각각의 이유와 10년 후 나는 어떻게 살고 있을까?… 제 차례에 내가 존경하는 인물에서 저는 '존경하는 기일혜 선생님' 소개했어요.

나의 첫 구역장님… 33년 전 젖먹이 아기를 업고 구역예배에 꼭 참여하게 이끌어준… 지금도 생생히 기억해요.

구역예배 드리러 댁에 갔을 때. 얼굴이 백짓장이 되어 누워 계시다 예배를 드리고 말씀을 전할 때, 낯빛이 살아나는 모습을… 예수님의 사랑을 살아 나누는 삶… 50권의 수필로 정열적으로 글로 전도하는 삶… 신간新刊을 받은 소감 등등… 제가 자기소개를 가장 길게 해버렸네요. ㅎㅎ… 지금 5교시 후, 쉬는 시간…"

"전진하는 숙영 님, 그대는 참으로 아름답습니다."

예쁜 것만 잘 보시는 당신

청옥 님이 오늘 아침에 이런 짧은 글 보냈다.
"…예쁜 것만 잘 보시는 작가님!"
부끄럽지만 어느 정도 맞는 말.
나는 사람 만나면 좋은 점, 예쁜 점이 먼저 보인다.
사귀다 보면 자잘한 흠이 보이기도 하나, 아주 작은 것. 남은 잘 모르지만 내가 나를 들여다보면 얼마나 많은 결점과 흠이 있는데… 남의 흠, 아무것도 아니다. 좋은 점만 보고, 좋은 점에 내 환상 묻혀 달려가노라면, 남의 작은 흠 같은 건, 내 열정에 녹아서 보이지도 않는다. 그러나, 결정적일 때가 있다. 상대의 비인격이 쌓여서 도저히 못 견딜 때쯤이면, 그를 서서히 멀리한다. 그 마음 안 상하게. 그러나 이것도 고쳐야 할 내 부족한 인간성. 멀리 할 사람은 없다.

옛말에 "미운 애기 떡 하나 더 준다."
예쁜 것만 잘 볼 게 아니라 미운 것도 잘 보아야—
미운 사람도 잘 보려면,
내 맘이 예수님 마음으로 바꿔져야 한다.

글라디올러스 꽃

새해 첫날, 동네 시인 댁에 들렀다.
그가 보여주는 시 몇 편.
그 중의 시 한 편 〈글라디올러스 꽃〉 여기에 옮긴다.

 글라디올러스 꽃 / 함초롬히 매달려 / 꼬무락 꼬무락 //
 긴 줄 하나 잡고 / 여린 손 활짝 펴 / 작은 하늘 열어
 보아라 // 모처럼 네 모습 귀한 / 와인색이구나

꽃을 좋아하는 동네 친구는 꽃에 대한 시를 쓰고,
사람 좋아하는 난 사람 이야기를 쓰고.
사람을 자기 아들보다 더 사랑하신 하나님은—
그 사람, 가르치려고 성경을 쓰셨다.

신神, 인간 다 세상을 사랑으로 채우려고 이야기 쓴다.
세상은 사랑이 있는 한, 존재한다.

더운 물 한 잔의 힘

끓인 보리차 물이 식어서 커피포트에 덥힌다.

남편이 보고 나무란다. 커피포트에 깨끗한 맹물만 끓여야지 보리차 물 덥히다 이물질 들어가면 고칠 수 없다고(부품 못 구해). 여러 번 들은 말이라, "아이고 그렇게까지 조심해야 해요." 못마땅한 얼굴로 들어가 버리는 나.

곧, 남편이 더운 물 한 잔 들고 와 마시라고—

내가 미안한 맘으로 더운 물 받으면서 말한다.

"나는 야단을 안 맞고 자라서, 누가 야단하면 그만 울적해져요. 내가 나쁘지요. 이런 버릇, 고쳐야 하는데, 잘 안 되네요. 그래서 자책하고 있는데, 당신이 따듯한 물 한 잔 갖다 주니 그만 편안해지네요."

아무것도 아닌 더운 물 한 잔이 내 울적해지는 밤을 편안하게, 남편 밤도 편안하게 한다.

'이 작은 자 중 하나에게 냉수 한 그릇이라도 주는 자, 결단코 상을 잃지 않는다.'(마태복음 10:42) 냉수 한 잔 대접도 기억하시는데, 더운 물 한 잔 대접을 잊으시겠는가.

2부

좋은 칭찬 한마디에
두 달은 살 수 있다

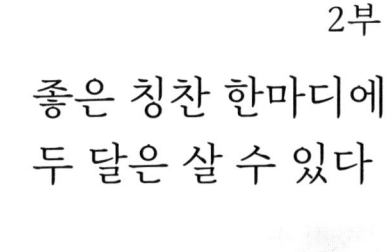

눈의 문화, 귀의 문화

항저우 아시안 게임, 모든 경기가 끝나고 폐회식.

낮에도 할 수 있는데 왜 밤에 하나?… 휘황찬란한 불빛 살아나는 밤에 해서, 시청자들에게 더욱 아름다운 볼거리 제공하려고?… 많은 소비(전력)가 따른다.

지금은 '눈의 문화' 발달되고 '귀의 문화' 물러선다.

마음으로 듣고 생각하며 읽어야 하는 책도 줄어든다. 그 흐름을 막을 수 없는 시대의 반영이다.

오래 전, 성경 100독한 내 친지 시아버지가 며느리를 호되게 시집살이 시켰다. 성경을 눈으로만 100번 보았기 때문.

성경은 하나님 말씀, 귀로 들으면서 마음으로 읽어야—세상 종교는 거의 눈에 보이는 형상 만들어놓고 숭배하는 눈의 종교. 기독교는 말씀 듣고 살아야 하는 귀의 종교.

"그러므로 믿음은 들음에서 나며 들음은 그리스도의 말씀으로 말미암았느니라"(로마서 10:17)

그 시인을 모른다고요?

내 책《다시 도스토옙스키를 보다》이 책 제목을 본 젊은 이들 중 도스토옙스키를 모른다는 청년이 많다.

어제 외사촌 언니 만나러 가면서, 지하철에서 서정주 시집을 본다. 내 앞, 귀여운 여대생 둘에게 서정주 시인, 아느냐고 묻는다. 둘 다 모른다고. 아쉽다. 시인 이름을 아는 게 별 건가만, 그래도 문학 서적을 많이 읽어야 인생을 간접 경험이라도 하지 않을까.

이과가 대세라는데, 문과 대학생이 눈여겨봐진다.

주름 많은 구부정한 할머니가 내 옆자리에 앉는다.

오랜만의 화장인지 서투르게 바른 루즈에, 분 바른 얼굴이 정답다. "좋은 분들 만나러 가시나 봐요." "고등학교 동창들 만나러…" 그는 내가 들고 있는 서정주 시집, 알아본다.

"서정주 시인을 알아보시네요." "그분을 모를 수 있어요? 다 알지." 노녀 얼굴이 갑자기 아름다워진다.

문과 이과, 다 인생의 자양분이다.

외사촌 언니 만나고 오는 날

서울 외곽 지하철역에서 외사촌 언니를 오랜만에 만났다.

점심때라 식당 찾는데, 서울에서 나고 자란 그 언니(86세)는 다르다. 나는 확 끓인 탕 종류를 원하고 그는 "얘, 그건 싫다. 중국음식 잘 하는 곳 있다." "해물탕이요?" "마라탕 있지…" 나는 마라탕이 뭔지도 모르고 따라간다.

그 중국음식점은 문 닫아, 다른 곳에서 양배추 쭈꾸미 정식 들고. 어찌나 맵던지— '자란 환경이 식성을 만드나?'

서울 중심가에서 자란 86세, 외사촌 언니 보면서 생각이 많다. 86세에도 주름 없는 얼굴, 약간 진한 화장, 빠르고 유창한 서울 말씨가 내겐 낯설다. 점심 후, 매운 속 달래려고 제과점에 들어가서 차와 캔디 들고.

제과점에서 그 언니와 2시간 이야기하는데, 공기가 탁해서인지 어지러워서 그만 일어난다.

집으로 오면서 한적한 지하철역 플랫폼에서 푸른 가을 하늘만 넋 놓고 바라보다가 왔다.

한적한 지하철역 플랫폼에서

외사촌 언니(86세) 만나고 돌아오는 한적한 지하철역 플랫폼. 나는 플랫폼 끄트머리에 서서 푸른 하늘만 넋 놓고 바라보다가 앞을 보니, "출입금지— 여기는 열차가 정지하지 않습니다. 뒤쪽으로 이동해 주시기 바랍니다."

한적한 그곳, 출입금지 구역 안의 작은 돌판.
〈공사 준공 표지판〉 공사 참여자 이름이 기록돼 있다.
설계자 — ○○○, 시공자 — ○○○, 감리자 — ○○○, 현장 감독자 — ○○○, 준공 검사자 — ○○○, 소속회사, 직함, 이름 석 자까지 정확하게 다 적혀 있다.
나는 그들 이름을 보면서 직감한다. 이 거대한 인간 사회를 움직이는 건 많은 사람들의 책임, 책임감이구나.

'책임감' 말에 다소 원기를 회복한 나. 얼른 가서 저녁 해야지, 한 가정주부, 아내로서 내 책임을 다 해야지.
이 사회가 돌아가도록.

내 책임 다하려는데 가로막는 것들

외사촌 언니 만나고 오면서 지하철역 플랫폼에서 본 돌판 〈공사 준공 표지판〉 지하철 공사에 참여한 사람 이름, 낱낱이 다 기록된 걸 보았다. 공사에 책임져야 하는 이름들.

이 사회는 그런 사람들의 책임으로 움직인다.

나도 아내된 책임을 다 하려고 집에 와서, 남편에게 포도도 꺼내 놓고 외사촌 언니 만난 얘기, 출입금지 구역 돌판 얘기까지 장황하게— 인간은 자기 현시 욕구가 있나, 얘기하다 보니 어지러움도 가시고… 그러나 긴 내 얘기, 듣다 못해 짜증 난 남편. "내가 그 얘기 다 들을 필요가 있을까? 당신 외사촌 언니란 사람 한 번인가 봤다고."

남편 반격에 다시 어지러워진 나. 내 방으로 들어간다.

다시 나온다.

주방으로 나온 나는 남편이 밤에 마실 물도 보온병에 넣고, 저녁상도 차리고. 온유한 맘으로 내 책임 다 하다 보니, 몸도 안 어지럽고 평온한 저녁.

장애물에 넘어져도 다시 일어나면 된다.

피어난 꽃송이를 왜 세느냐고?

나는 아침마다 베란다에 나가,
푸른 이파리들 새에 핀 해피트리 꽃송이를 찾고 있다.
'꽃송이 찾아서 세는 건 창조주의 창조 신비를 피조물인 내가 간섭하려는 주제넘은 짓 아닌가.'
다윗이 왕이 된 후, 인구 조사로 자기 백성 수를 세다가, 백성이 전염병에 걸려 몇 만 명이 죽는 재앙을 불렀다.
어려서 울타리나 언덕의 호박을 세면 어머니가 말했다.
"그런 것 세는 것 아니다." "왜요?"
"잘 크는 호박도 손가락질하면 떨어진단다."
자연은 사람의 손익 계산이나 간섭에 자존심 상하나? 나는 그 뒤 밭작물의 열매를 세지 않았다.

아침에 일어나 해피트리 몇 송이 피었나? 살피다가 그만둔다. 해피트리 무성한 잎 속에서 꽃들은 피었다 뚝 떨어지고. 사람 눈길 닿지 않은 무성한 잎 속에서 가만히 봉오리 맺고 피었다 진다. '피고 지고, 피고 지고'
자연의 신비 앞에서 인간은 경외심을 가질 뿐이다.

그렇게 기쁜 일도 슬픈 일도 없어요

신촌 친구 만나 장충단 공원에 갔다. 오래전, 장충초교 선생님이던 동생 만나러 가다 만난 소년이 생각난다.

그날— 도중에 있는 허름한 자동차정비소 앞. 행인인 내 눈길과 차 밑 땅바닥에 누워 일하는 소년 눈빛이 마주쳤다.

'이 시간에, 학교 가서 공부할 나이 어린 소년이 왜?…'

나는 학교 위치를 알면서도 그에게 물어, 자신감 주고 싶어 이렇게 묻는다. "죄송한데, 장충초등학교가 어딘가요?"

소년은 벌떡 일어나 당당하고 약간 거드름 피는 목소리로, "이 골목을 돌아서 가면 저어기—" 난 고개 푹 숙여 존경, 위로의 맘으로 정중하게 "고맙습니다."

소년은 가슴 펴고 하늘을 올려다보던가?… 그때 소년은 작가 기일혜 위에 있었다.

그날 장충단 공원에서 들려준 친구의 말,

"난 그렇게 기쁜 일도 슬픈 일도 없어요." 그 말이 왜 그렇게 슬프게 들리던지… 달관한 듯한 그의 말과,

소년의 눈빛은 인생을 말하고 있다.

가난 만드시는 곤노 목사님 부부

요코하마 김 목사님과 사모를 만났다.

내 목소리가 피곤하다고 지하철역 출구 앞까지 나오지 말고 집 앞 카페에서 만나자 하시고, 먼저 와 계셨다.

반갑고 존경스런 분들.

용건이라면서, 곤노 목사님이 '일본어 번역본(기일혜 수필선집)' 출간에 보태라고 10만 엔, 보내셨다면서 주신다.

"책 내는데 곧 보태겠습니다."

(10만 엔 곧 가난한 친구에게 드림)

감동하면서 곤노 목사님 얘기 나누는데, 선교사님이 그 목사님 부부 사진(스마트 폰)을 보여주신다. "이 분들 입으신 옷, 10년 전에도 이 옷이었습니다. 자신들에겐 검약하시고, 남에겐 넉넉하게— 이게 그분들 삶이지요. 저희가 많이 배우고 있습니다."

"어머 그분들, 저보다 더 가난을 만들고 계시군요.
제가 힘이 납니다."

당신 요새 말이 많아졌다고

아침 식탁에서 남편이 말한다,
"당신이 요새 말이 많아졌다고…"
어제 요코하마 목사님, 사모 만난 흥분의 여운?
새벽에 쓴 글이 맘에 들어서? 아니면, 나와 다른 남편, '말이라도 많이 해서, 즐겁게 하려고?' 남편은 더 말한다,
"요새 자네가 에너지가 넘친가 보네." 나는 곧 내 방으로 가, 조용해진다. 말 많은 아내, 남편은 싫어하기에.

나는 다시 나가서, 남편에게 '본격적으로' 말한다.
"전에는 내 생명이나 당신 생명, 객관화 못 해서 당신이 뭐라고 하면, '나를 참 모르는구나…' 침묵했는데,
50년 이상 살다보니, 당신 생명이 보여서—
당신이 의아해하는 나, 당신 생명 눈높이에 맞춰 내가 설명하느라고 말이 많아졌나 봐요,
이제야 당신과 내 생명이 좀 보여서— 말이 많아졌다고—
당신과 가까워졌다는 좋은 증거지요."

다시 만난 쑥부쟁이 아가씨

뉴욕에서 친구 셀라 킴이 오셨다. 이수역에서 만나 팥죽 파는 식당으로 갔다. 오랜만에 그 여주인을 보자 반가워서, "그때, 내가 쑥부쟁이 아가씨라고 했지요?" "네, 저어기 앉아서 말했어요." 웃는 모습이 여전히 쑥부쟁이 아가씨 같다.

셀라 킴이 나를 부추긴다. 이번 책 《나는 왜 떨리는가?》 여주인에게 드리라고. 나는 안 된다. 바쁜데, 언제 책 볼 시간 있겠느냐고. 그러자 셀라 킴이 말한다.

"씨를 뿌릴 때 나지 않을까, 걱정하면 안 되지요. 걱정하지 말고 그냥 뿌리는 거요." "성경에도 그런 말씀이 있어요. 당신 믿음 앞에서 많이 부끄럽습니다."

셀라 킴 말대로 책 드리니, 여주인이 함빡 웃으며 아주 좋아한다. "주신 책이니 잘 읽겠습니다."

바쁜 식당 여주인이 책 안 읽을 거란 내 예상, 빗나갔다. 내 어줍잖은 선입견으로 독자 한 분 놓칠 뻔했다.

내 밥줄 끊는 사람

내가 보낸 책을 받은 어느 독자가 전화한다.

"…책을 받았어요. 바깥 선생님이 포장을 해서 보내셨는데, 수고가 많으셔요… 제가 가서 도와드릴 수도 있어요. 주소 쓰는 걸…" "고마워요. 사실 책 보낼 주소, 옮겨 쓰는 것 쉽지 않아요. 나는 못 해요. 남편이나 하지."

그날 오후던가, 봉투에 주소 쓰는 남편에게 미안한 내가 독자의 말을 전한다. "당신 주소 쓰기 힘들면… 어느 독자가 그러는데, 자기가 와서 해주겠대요."

남편 대답은 의외다. "아니, 누구 밥줄을 끊으려고 그래. 내가 이거라도 하면서 밥 얻어먹고 있는데… 그리고 요양보호사도 급수가 있듯(2010년 급수 통합으로 현재는 단일 등급), 이런 일도 급수가 있다고. 아무나 하는 것 아니라고." "그래요, 당신은 포장에 고수지, 누가 당신만큼 포장하겠어요. 이건 아무도 대신할 수 없는 당신 일. 몇 십 년 해온 일인데…"

쌀이 떨어졌는데

동생 집에 갔더니, 시골에서 쌀 5푸대(?) 보냈다고. 갖다 먹으라는데, 마침 쌀이 떨어져 두 번이나 봉지에 조금씩 담아다 먹고. 그 뒤, 곧 고향에서 누가 쌀 한 푸대를 보냈다.

보낸 사람 전화번호로 전화하니, 남자가 받으면서,

"…형수(내 친구)님이 부탁해서 보냈습니다."

그는 내 고향 친구 시동생이라는데. 목소리가 부드럽고 친절해서 맘 놓고 그에게, 내 친구를 자랑한다.

"그런 형수가 어디 있어요? 그렇게 마음씨가 곱디곱고 지혜 있고, 그런 분이 형수라니, 좋으시겠어요. 집안 자랑이어요." "예, 그렇습니다."

쌀 보낸 고향 친구에게 마음으로 말한다.

'언제 자네 한번 만나서 밤새도록 내 속 얘기 하고 싶네. 속에 말은 하나님께만 해야 한다지만. 자네는 내 속 허물도 다 덮어줄 것이네. 그리고 부탁하네. 세월이 아무리 지나도 자네의 그 안존安存하고 풋풋한 싱그러움은 꼭 간직하소.'

좋은 칭찬 한마디에 두 달은 살 수 있다

첫 추위로 몹시도 추운 날, 우체국 택배로 쌀 한 푸대(20kg)가 현관 앞에 놓여 있다. 너무 무거워서 나는 못 들 정도. 겨우 집 안으로 끌어들이면서, '이 추운 날 무거운 걸 들고 이 높은 데까지 운반하셨구나.'

나는 곧 무거운 쌀 푸대, 현관 앞에 놓고 간다고 문자 보낸 우체국 아저씨 스마트폰 번호로 글 보낸다. 내가 택배로 물건 받고 고맙다는 글 보내는 건 처음이다.

"이 추운 날씨에, 이 무거운 걸 운반하셨네요.
죄송하고 감사합니다."

곧 낯선 전화, 받아보니 우체국 그 택배 아저씨—
그는 주저주저하는 음성으로 나지막하게 약간 더듬는(?) 목소리로, "…남자라 안 무겁습니다…"
이 추운 날, 이 따뜻한 감격이라니!

"좋은 칭찬 한마디에 두 달은 살 수 있다."
마크 트웨인의 말이라고 한다.

크리스털 같은 요즘 며느리

'1년에 꼭 두 번(설, 추석) 왔다 가는' 며느리,
친구는 그런 자기 며느리를 크리스털이라고 한다.
1년 내내 찬장에 넣어 두었다 귀한 손님 오시는 날 꺼내 쓰는, 만지면 깨질 것 같이 눈부시게 아름다운 크리스털.
그러나 이런 카프카의 말도 있다.
"오래되고 낡은 지붕이 우리를 평안하게 한다."

그러나 우리 아들들은 너도나도 '예쁜 여자' 좋아해서 크리스털처럼 눈부시게 아름다운 아내와 산다. 시어머니뿐 아니라 아들도 아내 조심하며 사느라, 한 번뿐인 인생이 속절없이 지나가나?… 그러나 일 년에 두 번 오는 며느리라도 고마운 시대. 아예 명절에도 안 오는 며느리를, 한 시어머니가 불평하니, 아들이 이혼한 그의 친구가 조언한다.
"이혼 안 하고 사는 것도 감사하라고."
더 놀라운 건 친구의 미혼인 아들이 어머니에게 들려준 얘기다. "결혼한 우리 선배들, 자기 집엔 다 아내 모르게 숨어서 다녀요." 가정이 무너지는 소리가 들리고 있다.

행운목 한 그루가 잘 자라서

 내가 살고 싶은 거실은— 행운목 몇 그루 잘 자라 '푸른 잎 꽃송이' 숲을 이룬 신설동 친구네 집 거실. 가끔 그 푸른 나무숲 거실이 그리워지기도 하는데… 우리 집 거실에도 행운목 한 그루가 자라서 천장을 뚫을 기세.
 '얼마큼 자를 것인가?' 내가 말한 높이로 남편이 자른다. 문제는, 자른 행운목 꼭대기, 푸른 잎 꽃송이가 답답하다고 남편이 몇 잎 잘라버린 것— 내가 질겁한다. "저것 보는 즐거움으로 사는데, 왜 잘라요?" "그럼 당신 알아서 하라고!"

 그 뒤, 엉성해진 '행운목 잎 꽃송이' 보면서,
 내가 한탄조로, "푸른 꽃송이가 없어져서 마음 아파요."
 "왜 자꾸 되씹느냐고, 나도 그날 밤에 반성했는데…"

 아내 마음 다치게 한 걸 반성했다고?… 부부는 왜 사소한 일에 잘 부딪히지? 무심히 뱉는 사소한 말, 행위 속엔 그 사람 속이 다 드러나기 때문 아닐까.

늦은 김장 하면서 먹는 야식

올 김장은 이래저래 늦었는데, 혹한이 계속 된다.

주부로서 걱정이 돼, 동네 시장을 들러보니, 배추는 안 보이고 봄동 한 포기 3,500원. '싸지면(값이 내리면) 먹어야지 비싸면 안 먹고… 아 어디서 김장배추가 생겼으면…'

그리고 이틀 뒤, 아랫녘이 고향인 친구가 그곳 친척 밭에 가서 배추 싣고 와, 7포기 주고 간다. 그걸 계속 외출하느라 덮어만 놓고, 그제 저녁 간했다, 어제 버무렸다.

어제도 외출해서 오후 4시쯤 귀가해 양념 준비해서 밤 늦게 버무린다. 남편은 거들다가 밥 달래서 배추속 쌈 싸 먹고, 더 달라면서, "굴을 살 걸…" "굴은 비싸요, 굴 안 넣으면 더 담백해요." "나도 굴은 안 좋아하지만…" "김치에 생새우, 토종 갓, 청각 많이 넣으면 달콤하고 싱싱해요."

김장 끝내고 나니, 밤 12시 반.

힘든 일 끝에야 사는 즐거움 있고. 편안한 밤을 맞는다.

김포 한강로에 사시는 정미 님

"…작가님, 보내주신 책, 동네 카페에서 읽다가 글이 너무 좋아서, 누굴 드릴까 하다, 카페 사장님(여)께 드렸어요. 저는 다시 책 사보려고 해요." 정미 님 전화받고 하는 내 말, "인터넷에서도 책 광고 하더라고요."

"저는 동네 서점에서 1권(내가 졸고 있을 때)부터 한 권씩 사다 읽어서 사장님이 잘 알아요. 제가 들어가면 '기일혜 작가님 책이요?' 하고 말씀하셔요."

"그러시구나. 그렇게까지 제 책, 애독하시구나. 이번엔 책 사지 마셔요. 제가 한 권 보내 드릴게요… 댁에 한 번 가본다 하면서도, 요코하마 사모님이 두 분 만나셨다고. 남편이 아주 핸섬하시더라고… 저도 뵙고 싶네요."

김포 한강로에 사시는 정미 님 아니고, 누구라도—
제 책 읽고 싶다면 전화(출판사에 문의)하세요. 보내드릴게요.
요즘 너나없이 어려운데, 제가 선물하지요. 저는 제 책 선물 하는 게 제일 기뻐요. 오죽하면 제가 꿈속에서도 제 책 선물했겠어요.

밥 친구 해줘서 고마워요

겨울비가 오는데, 동네 시인 집으로 간다.
이번 책 제목의 객관성을 알아보려고.
요사이는 지하철로 멀리 안 가고 가벼운 동네 나들이다.
아침에 그에게 전화해서 "오늘 제가 점심 대접할게요."
"선생님 그냥 오셔요. 생선 장수가 왔는데, 동태가 싱싱해서 사놨어요. 12시 반까지 오세요." 겨울비가 내리는데, 숨 가쁘게 간다. 사람을 만나러 가면 숨이 가빠진다.

점심 들고 반짝이는 크리스마스트리 보면서 차 마시는 지금. 오늘 지구에서 가장 아름다운 이곳(꽃집). 책 제목, 객관성 알아보는 것도 잊고… 싱싱한 꽃들 만발하고, 초록 이파리들 작은 숲을 이룬 꽃밭(꽃집)에서— 그가 말한다.
"선생님, 밥 친구 해줘서 고마워요." 고독한 시인, 소설가가 만나면… 고독은 잠시 사라지는가? 고독은 다시 그들을 찾아오리라. 고독하면 다시 밥 친구가 그립고.
아름다움에 목메이고.

내 책 나왔다고 축하해 주는 사람

사람은 끝도 없이 사랑받기를 원하나?

책이 나오면 수고했다고 누군가가 따뜻한 말 한마디 해주기를 바라는 마음이 있는 나, 유치하다. 어젯밤, 이웃에 사시는 출판사 사장님이 밤늦게 내 책(신간) 가지고 오신다기에 피곤하실 테니, 내일 갖다주시라 하고. 이튿날 기다리는데,

그날 외출한 남편 전화다. "…아직 책 안 왔는가?… 책 내느라고 자네 참 수고했네…"

"책 나왔다고 축하해 주는 사람, 당신밖에 없어요… 어떻게 그런 말 해줄 생각을 다 했어요."

전화 끊고 생각하니, 내 말이 참 이기적이다. 책 내느라고 나만 고생했나? 옆에서 그걸 지켜본 사람은 더 마음고생했는데… 저녁에, 외출에서 돌아온 남편에게 내가 늦은 인사한다. "나보다 당신이 고생했지요. 아깐 깜박하고 못 했네요. 당신에겐 한없이 이기적인 아내…"

사람은 끝없이, 나만 사랑해 주라고—

그래서 한 사람, 사랑하기가 어렵다고 한다.

내 인생 하도 기구해서

'내 인생 하도 기구해서'

그 소독하는 여인과 서울 근교 S역에서 만났다. 역 근처 간이음식점에서 우동 두 그릇, 김밥 한 줄 시켜놓고. 그는 감기로 기침이 심해, 우동만 겨우 먹고. 나는 시장했는지 우동 한 그릇에 김밥 몇 조각 들고, 곧 지하철 역사와 이어진 그의 주상복합 아파트로 올라간다. 작은 아파트지만 이걸 장만하느라 그는 얼마나 불철주야로 일했을까?

오후엔, 어린 시절부터 70이 다 된 지금까지, 그의 인생 얘기를 듣고… 그는 지금은 혼자 살면서 지하철역 청소하러 다닌다. 오후 6시 출근, 새벽 3시 반 퇴근의 중노동.

나를 만난 날도 그는 "2시간 잤습니다."

그는 내가 못 살아낸 삶을 살아냈고 살아가고 있다. 그는 자기 인생 책으로 내고 싶다 해서 도와드릴 생각으로 갔다. 그러나 그의 '기구한 인생' 글로 써서 뭣 할 것인가? 그는 지금 잘 살고 있는데… 글보다 위대한 게 생존이라고 하는데.

자기 인생 책으로 남기고 싶은 사람

 자기 인생 이야기, 책으로 내고 싶다는 그 여인(내 인생 하도 기구해서) 얘길 어느 친구에게 했더니,
 "책으로 내게 하세요. 책 내는 게 지금 그 여인에겐 '생존'인지도 모르니까요." 나는 다시 생각한다.
 그가 책 내도록 도와줘야겠구나.

 내가 소설가로 등단할 무렵, 목 밑 부위가 더부룩하고 뭐가 걸려있는 것처럼 개운치 않았다. 병원에 가볼까 하다 못 가고. 그런데 소설가로 등단 후, 그 증세가 깨끗이 사라졌다. 그제야 알았다. 나는 내가 원치도 않은 글 쓰는 일이었지만, 내 속에서 나도 모르게 그걸 강력히 요구하는 어떤, 쓰지 않으면 안 될 절대 욕구가 무의식에 도사리고 있었다는 것을… 그 여인도 자기 얘기, 책으로 내야겠다는 절대 욕구가 내면에 도사리고 있는지?
 그런 책이라면, 내도록 도와줘야 한다.

반말이 이렇게나 정답다니

할머니 진외가쪽 일가인 숲실 김○미 님과 통화한다. 그를 만났던 기억이 까마득하다.

그는(84세) 할머니 동네 맞은편 숲실이란 동네에 살았는데, 오빠 안부부터 묻는다. "…○준이 아제(내 오빠) 잘 있어?… 아버지한테 밥 먹을 때마다 ○준이 아제 얘기 하도 많이 들어서… 공부 잘해서 5학년 때 광주 서중 갔다고… ○준이 아제가 한번 우리 집에 와서 '아아 피곤하다' 하고 눕더니, 나보고 '너는 조미령(영화배우)이 닮았다' 했어." "그래 자네가 예뻐서 그렇겠제, 이제 보니 자네가 조미령이 닮았네."

"일혜 아짐은 지금도 날씬하고 이쁜가?" "늙었는데 뭐가, 그냥 그렇지." "일혜 아짐, 내가 지금 허리가 아파서… 추석 지나고나 한번 만나세."

그는 시종일관 정다운 반말이다. 반말이 이렇게나 정답다니…. 아무것도 아닌 것 같은, 고향의 소소한 이야기들이 노년인 나를, 잠시 쉬어가게 한다.

기 선생님과 못다 나눈 이야기

비가 오는데 감기 기운이라 숙소에 있다는 요코하마 사모(일본 선교사)를 불러내 만난다. 장소는 그의 숙소와 우리 집 중간 지점인 지하철 도곡역. 거기서 만나 빗속을 걷다가, 점심 든 후, 찾은 어느 찻집의 구석 창가.

창 너머로 보이는 비 내리는 가로수 길이, 이 세상 경치 아닌 것처럼 아름답다. 그 자리, 사모에게 양보하고 시야가 좁아 보이는 맞은편 자리로 옮긴다. 그런데 신기하다. 거기서 보이는, 비 내리는 보도와 낙엽 떨어진 오래된 가로수 길은 더 아늑하다. 아늑 무한 —

비가 오는데, 수서역에 내려 20분 걸어 올라가야 하는 그의 숙소. 가면서 생각했을까? 다음날 하시는 말씀.

"어제, 제 마음속 글 제목은 '기 선생님과 못다 나눈 이야기'…" 나와 못다 나눈 이야기가 있으셨구나. 나도 못다 나눈 이야기가 있어, 그 비에 젖은 가로수 길이 더 아름다웠나?… 그래서 우리는 다시 만날 날을 기다리고.

인간 언어에 '기다림'이란 말이 있어 좋다.

국수역에서 국수를 먹다

 그날 오후, 독자 오정순 님 만나러 경의중앙선 국수역으로 출발. 2시간 반 만에 도착. 국수역에서 그를 잠시 만나, 그의 얘기가 나온 책만 전하고 돌아오려고 했는데, 그는 내게 찻집으로 가자더니, 자기 집으로— 거기서 대추차 마시고 있는데, 그의 남편이 들어오신다. 처음엔 교장선생님 분위기인데 대화해보니, 진지하면서도 참신하시다.

 오정순 님 남편 차로 국수 잘하는 식당으로 가니, 문 닫혀서 작은 국수집으로— 여주인이 누웠다 일어나는데, 어제 김장해서 피곤하다고 표정이 무겁다.
 나와 **정순** 님은 소면 잔치국수, 그 남편은 칼국수.
 국수 먹으면서도 여주인의 무거운 표정이 계속 살펴지는 나. 나중에 그 식당 나오면서 내가 여주인에게 마음을 다해서 드린 한마디, "국수 맛있게 잘 먹었습니다."
 "안녕히 가세요." 여주인 목소리가 살아난다.
 그를 그대로 두고 가면, 그 무거운 표정이 한동안 나를 따라다닌다. 남은 곧 나.

멋 내다가 늦었어요

 친구 만나러 가는 날. 있는 옷으로 새롭게 입어보려고 이것 저것 입어본다. 우중충한 이 겨울 혹한에 밝고 따뜻한 옷차림을 창출한다고 할까. 갈색 후드가 있는 긴 조끼를 겨울 검은 점퍼 속에 입어서 새로운 분위기를 만들려다 실패하고 다시— 동생이 중국 여행 갔다 오면서 선물한 화려한 머플러 등 여러 머플러를 둘러봤으나 모두 안 어울려서 그만두고. 늘 애용하는 커피색 순모 목도리 두르고, 별로 유쾌하지 않은 기분으로 늦게야 출발— 나는 집 앞 지하철역에서 친구에게 전화한다. 거두절미하고,

 "멋 내다가 늦었어요. 그래도 의도한 대로, 목적 달성 못 하고 그냥 가요."
 자책하는 의미인지 내 목소리가 마르고 딱딱하다.
 그런데 전화 받는 친구 목소리가 거의 폭소 수준!
 "아아! 좋아요. 아직까지 멋 내다가 늦었다는 사람 없었어요. 처음이어요. 좋아요, 좋아—"

저는 1부 성가대, 동서는 3부 성가대

며느리 올케(성악가 M대 교수) 찬양 콘서트에 가서, 며느리와 나란히 앉았다. 오랜만이다.

콘서트홀 안에서 약 두 시간 동안, 계속 며느리 옆에 앉았다. 며느리는 내가 혹시 기침할까 봐, 달지 않은 사탕을 내게 권한다. 내 옆자리의 며느리 외숙모님(피아니스트)에게도 권하고. 성악가가 부르는 노래가 다 찬양곡, 은혜가 넘쳐 부르니까 소리가 감동적으로 살아있다.

며느리는 계속 눈물 닦으면서 울먹인다. 좀처럼 자기감정 내색하지 않은 며느리인데, 새롭다.

콘서트 막간, 며느리 말이다. "…저는 1부 성가대, 동서는 3부 성가대요…" 나는 그 말이, 무척이나 고맙다. 왜 고마왔는지?… 동서에게 보내는 그의 관심이, 시어머니인 내 가슴을 울린다. 며칠 지난 지금도 그 말 생각하면 마음이 울리면서 흐뭇… 형제간, 동서 간에 잘 지내는 것보다 더한 효도는 없다. 하나님도 그러시겠지,

내가 이웃과 잘 지내는 걸 가장 기뻐하시겠지.

어머니 손이 따뜻해요

 찬양 콘서트 마지막은 예배처럼 끝낸다. 축복송 부르기 전, 성악가가 말한다. "가족이 왔으면 손을 잡으세요."
 며느리가 얼른 내 손을 잡는다.
 "어머니 손이 따뜻해요." 나는 며느리의 정다움에 고맙고 놀란다. 나는 며느리의 손도 잘 못 잡는다. 상대방이 어떻게 생각할까 망설이느라고. 그래서 나는 소소한 일상을 잘 못 산다. 너무 조심하고 너무 인격적으로 대하다가,
 그걸 초월한, 평범한 인간적인 관계를 잘 못 한다 할까.

 내 손 잡아준 며느리가 고마워서, 집에 와 그 애길 남편에게 하니, "며느리가 시어머니 손잡는 것 보통이지 그게 뭐 어쨌다고?" "그래요, 난 잘 안 돼서… 상대방이 어찌 생각할지 몰라서 조심하느라고…"
 남편은 그런 나를 '상식 이하'라 생각했는지 침묵.
 나는 누가 나한테 무례한 말 해도, 어느 땐 말문 막혀 말도 못 하고… 말문 막혀 잠잠하면,
 이웃과 다툼 피하는 유익함도 있다.

세련됨은 소박함을 못 당한다

며느리 친정 일로 초대받으면 사돈댁 모임이라 옷차림에도 무심할 수가 없다. 며느리와 같이 그의 올케 찬양 콘서트에 간 저녁, 나는 좀 세련된(내 생각) 차림으로 갔다. 그런데 음악회당 로비에서 사부인이 내게 소개하는 독자들(사부인 출석 교회 교우들)이 많다. 내 독자라는 여러 분들과 인사 나누는데, 부끄러워서 나중엔 며느리 끌고 한쪽으로 갔다.

부끄러워한 건— 한 분, 한 분 하나같이 소박한 차림, 진실된 표정으로 나를 작가로 바라봤기 때문. 음악회에도 자연스럽게 차리고 오신 내면이 세련된 그 교우님들, 차분하고 소망스러운 모습이다. 세상 사람들이 교회를 비난해도 '교회는 살아있다. 교회에만 소망이 있다.'

사람이 아무리 세련되고 멋스러워도 소박함을 못 당한다. 소박함은 일종의 겸손함. 겸손함은 모든 것을 평정—
그날 만난 노년 독자들의 안온하고 소박한 차림,
세련되게(?) 차린 날 부끄럽게 했다.

동생을 존경스럽게 바라볼 때

 올해 마지막 날. 오빠와 같이 동생 집에 갔는데, 대화 중에, 동생이 오빠에게 하는 말이다. "…오빠! 올해 같이 내가 행복한 해가 없었어!… 누가 나한테 그렇게 많이 돈을 주겠어? 어떤 자녀가 그렇게— 오빠는 정말 나한테 행복을 주었어. 이렇게 기뻐해 보기는 처음이야!…"

 동생이 쏟아내는 감격스런 찬사. 동생은 어떻게 저렇게 표현을 잘 하지… 내가 오빠에게 할 말까지 다 해버린다.
 "말은 해야 맛이다" 속에다 품지 말고 표현해야 하는데, 나는 말로 다 못하고 글로 하는가?… 때로는 글보다 말이 힘 있고 살아있다. 동생은 이 세상을 사는 강력한 무기 하나 가지고 있구나. 과묵한 오빠도 동생 말에 흠뻑 웃으면서 기뻐하고… 순간, 동생이 인생 진미를 아는 인생 고수같이 느껴진다. 얼마 뒤,
 지하철역까지 나와서 배웅하는 동생을,
 나는 존경스럽게 바라본다.

3부

붉은 다알리아의 꽃말

정열의 여인에게

뉴욕 친구가 서울에 와서 축하카드 보냈다.
"새 책을 준비하시는 마음 위에"란 제목으로.

"주님께서 무척 사랑하시고 저도 사랑하는 기일혜 작가님. 50권, 〈희년〉 기쁨을 맞이하시고… 또 방글방글 아가처럼, 첫걸음 또 시작하신, 정열의 여인에게 소리 내어 손뼉 짝짝 짝! 축하합니다. 오직(?) 주님을 기쁘게 하기 위해 마음 굽혀 생활 속의 글을 쓰시는 그 모습에 주님의 인자하심이 늘 함께 하시기를. 2023. 11. 27 셀라 킴 드림."

셀라 킴의 50권(기일혜 수필집) 축하 글. 미국에서 오래 살아서인지, 자기 의사 표현도 과감하고 당당하다. 셀라 킴 로고(Logo)는 '앗싸!'
씩씩하고 진취적인 그에게서 많이 배운다.

별명이 '큰 바위 얼굴'인 사람들

내가, 예수님 많이 닮으신 분이라고 생각하는 친구를 만났는데, 그가 나더러 "작가님은 학교 때, 국어책에 나온 〈큰바위 얼굴〉 같아요." 너무 안 어울린 말씀 같았지만 그래도 그의 말씀이라 귀담아 들었다.

내가 〈큰바위 얼굴〉 같다니, 생각할수록 내겐 얼토당토 않은 과찬 같아, 집에 와서 남편에게 그 말을 전하니, 남편은 더 엉뚱한(?) 얘기를 한다.

"나도 학교 때(고교 교사) 학생들이 나를 '큰바위 얼굴'이라고 했어." 〈큰바위 얼굴〉 남편에게도 안 어울리는 말인데… 나 혼자만 생각하다 만다.

그 뒤로 나다니엘 호돈의 〈큰바위 얼굴〉을 다시 읽고, 생각했다. 〈큰바위 얼굴〉은 자기에게 주어진 인생을 그런대로 성실하게 산 사람은 다, 다른 저마다의 '큰바위 얼굴'이라고. 비약하는 말 같지만 '오래 살면 아름다워진다.'

잘 늙으면 사람은 다 '큰바위 얼굴'이라고 생각한다.

옷에 어울리는 표정을 지어야

예수님 닮은 그 친구를 오랜만에 만났다.

만났다 헤어지면 더 아쉬운 사람.

나는 그에게 얼마 전, 지하철에서 만난 여인들을 얘기한다. 한 분은 보랏빛 인조견 치마에 한산 세모시 저고리 입었는데, 얼마나 표정이 근엄하고 딱딱한지… '저 고운 옷 입고 고운 표정 지으시지…' 했고.

또 한 분은 노란 옥수수색 원피스에 모자도 연한색— 옥수수아가씨 같았는데 표정이 뚝뚝 거칠어서, 왜 저 여인 표정은 저렇지… 내가 갑자기 우울해져서— '왜 고운 옷 입으시고 표정이 저러시지?' 했다 하니, 그 친구가 말한다.

"오늘은 작가님한테 이걸 배웠네요.
'옷을 입으면 옷에 어울리는 표정을 지어야 한다'고."

그에게서 내가 다시 배운다. 남의 말 듣고, 그 요점을 파악하는 슬기로움, 말을 한 나도 배우게 한다.

쓸쓸한 날에 받은 전화

 마음을 어딘가에 댈 데 없고, 무엇인가로 허전하고 쓸쓸한 날. 친구 전화다. "지금 뭐 하세요?"
 "예에 지금 쓸쓸해하고 있어요."
 "바깥 선생님이 외출하셨어요?"
 "아니요. 옆에 있어요."
 "그런데 왜 쓸쓸하세요? 남편이 옆에 계시는데…"
 "남편이 옆에 있어도 쓸쓸해요. 내 외로움은 남편과 상관없어요…" 친구가 의아해하면서 전화 끊는다.

 내 쓸쓸함은 '옆에 사람이 있고 없고'와 무관한 쓸쓸함. 사람의 있고 없음과 상관없이 내 미의식, 이상— 예술적인, 영적인 허기에서 오는 쓸쓸함이다. 가까이 있는 사람이 오히려 방해가 되기도 하는. 비인간적인 쓸쓸함.

 이런 내 비인간적인 쓸쓸함은 이제 부족한 인간에게 덜 매달리고, 온전하신 하나님께 더 매달리게 한다.

거짓말, 할 수밖에 없을 때

"거짓말하지 마라!" 자녀 가르치는 부모님 말씀이다.
그런데 반대되는 말씀도 있다.
"거짓말하지 마라, '생각 없는 사람들'이나 거짓말 안 하지, 살다 보면 거짓말 안 할 수 없는 때가 있다고… 정답을 아는데 말할 수가 없어서 — 거짓말 한다."
전자는 교과서대로 가르치는 부모, 후자는 오래 살아본 자의 지혜, 사랑에서 나오는 말씀.

인생을 오래 살다 보면 상대 마음이 다치거나 불이익 당할까봐, 거짓말을 해야 하는 경우나 정황이 있다. 장발장이 훔친 은잔을 사제는 자기가 준 것이라고 경찰에게 거짓말한다. 그를 불쌍히 여기는 사랑의 마음이다. 그는 사제의 사랑을 감동적으로 배워서, 후에 좋은 일 많이 하게 된다.

인생엔 거짓말 안 할 수 없는 때가 있고,
또 거짓말은 파멸을 부르는 악이라는 것도 알게도 된다.

아기도 볼 권리, 알 권리가 있어요

친구 만나러 가려고, 이수역에서 환승해 좌석에 앉으니, 내 앞 유아차 옆에 젊은 부부가 서 있다. 유아차 아기는 백일이나 됐을까, 토실토실하고 초롱초롱한 눈을 반짝이고 있다. 주위의 할머니들 관심이 아기에게로— 한 할머니가 유난한 몸짓으로 아기를 예뻐하니까, 젊은 아기 엄마가 얼른 유아차 덮개를 내려버린다. 아기는 갑자기 암흑 세상.

아기를 예뻐하던 할머니도 잠잠하고.

아기를 철통 보호하는 젊은 엄마. 내가 아기가 되어본다. 갑자기 어두워진 덮개 안이 얼마나 답답할까? 무서울까?

아기 엄마에게 한마디 안 할 수가 없다.

"아기 엄마, 아기도 볼 권리, 알 권리가 있어요?"

내 목소리가 절박했나? 아기 엄마는 웃으면서 얼른 덮개를 벗긴다. 옆에 선 아기 아빠도 웃으면서 나를 쳐다보고.

내 절박한 충고를 아기에 대한 관심, 애정으로 받는 젊은 부부, 믿음직스럽다.

존댓말은 듣는 이 마음을 흐뭇하게

한 TV방송국 음악 프로, 출연자들.
나이가 7, 8세 아이부터 40 초반 가수들까지 다양하다.
나이 든 한 가수가 노래 부르자, 어느 아이 가수가,
"잘 한다!" 카메라맨은 그 얼굴, 안 비친다.
곧 다른 아이 가수가 "잘 하신다!"
카메라맨이 그 아이 얼굴을 비춰준다.

아무것도 아닌 것 같은— 순간 지나가버리는 화면이지만
나에겐 오래 남는 장면이다.

"잘 하신다!" 아이다운 경어다.
존댓말은 때로 듣는 이 마음을 흐뭇하게—
그 흐뭇함은 지금까지도 남아 있다.

피카소를 버린 여인

"올해(2023) 6월 프랑스 화가 프랑수아즈 질로가 101세를 일기로 세상을 떠났다… 아버지의 뜻에 따라 법과대학에 다니면서 몰래 그림을 그리다 21세에 파리 유명 갤러리에서 개인전을 열었다. 그즈음 마흔 살 연상의 피카소를 만났다.

당시 피카소에게는 아내와 여러 애인이 있었지만, 함께 두 아이를 낳고 평범한 가족처럼 산 사람은 질로였다.

그러나 질로는 10년 동안 한결같이 다른 여자를 탐하던 피카소와 헤어지기로 결심했다. 수많은 피카소의 여자 중 그에게 이별 통보를 한 건 질로가 유일했다. 피카소는 그녀의 앞길을 막으려고 안간힘을 썼지만, 굴하지 않았던 질로는 화가이자 교육자로 성공했다."(우정아의 아트 스토리)

내 인생에서 크게 버린 게 뭘까? 잘 보장된 교사직 버리고, 서울 와 고생하다 소설가 된 것. 그러나 소설 쓰는 것도 잠시 버린 지금, 앞으로 또 무엇을 버리게 될지—

그건 나도 모른다.

난 왜 이리 욕심이 많나?

 집에 오는 아들 편에 보낼 원고 준비하고, 곤비해진 몸으로 청소, 점심 준비— 그때 한 TV에선 "진품명품상반기 결산 특집" 이것도 시청하고 싶어 TV 볼륨 크게—
 남편이 시끄럽다고 낮춘다. "내가 일하면서 들으려고 높였는데?" 항의하자, 남편이 소리 키우면서 표정 굳어지고… 한 몸으로 몇 가지 일 하려다, 남편과 충돌하는 나. 그런 자신이 한심해서 화장실 청소하러 들어가 한탄하며 운다.

 '나는 왜 이렇게 생겼을까?…' 울다가, 내 생명 한탄하면 주님 창조성을 부인하는 오만불손. 눈물 닦고 화장실 청소 끝내는데, 모기 한 마리가 타일 벽에 붙어 있다. 그걸 쉽게 잡고, 오져서 곧 남편에게 자랑한다. "여보 나 모기 잡았어요!" 금방 화낸 일도 잊어버리고— 누가 들으면 밴댕이속이라 해도, 이 밴댕이속, 내가 안 만들고 주님이 만드셨다.

 아이들은 싸우고도 금방 풀어져 친구야 놀자,
 다시 사이좋게 논다. 그날의 내가 그랬다.

새벽 3시 반에 깨어 있는 사람들

　새벽 3시 반— 내 친구인 그가 밤새 일하시는 지하철역 청소가 끝나는 시간이다. 한국의 깨끗한 지하철역은 밤새 일한 그의 손에서 만들어진다. 그는 잠 못 자고 일해도, 70다 된 얼굴이 보얗게 고와서 몇 번이나 쳐다보게 된다.

　그리고 또 새벽 3시 반— 내 친구(83세)가 새벽기도회 가려고 일어나는 시간이다. 밤 9시면 자고 새벽 3시 반에 일어나 새벽기도회 갈 준비하는 정결한 친구.
　그는 죽음도 두려워 않는 사람이다. 오래전, 그가 병원에서 오진으로 암이라는 진단 받고 태연하자, 의사가 더 놀라서 "어떻게 그리 태연하세요?" 의사의 말에도 그는 담담.
　일찍 시신도 기증하고 내게 말한다.
　"…소식 없으면 천국 간 줄 아세요."
　세상에 미련 없는 친구다. 난 아직도 세상에 미련이 많나?
　"죽음은 탄생보다 큰 축복."
　이 말씀을 친구처럼 삶으로 받아들여야— 말로만 말고.

보성군 호동 마을학교 동시집

보성군 호동교회 윤애다 사모가 교회에서 주관하는 호동 마을학교에서 낸 동시집을 보냈다. 김순덕 할머니(87세)의 "학교"라는 동시가 맨 앞에 실려 있다.

〈학교에 가고 싶다 / 공부하고 싶어서 / 재밌어서 / 친구들이 좋아서 /〉

김순임 할머니(88세)의 "사계절"이란 동시도 재미있다.
〈봄 좋아 / 여름 안 좋아 / 가을 좋아 / 겨울 좋아 /〉

박금녀(70세) 할머니의 "마을 학교"
학교 가는 즐거움을 아주 실감나게 썼다.

〈마음이 뿌듯하고 좋다 / 을매나(얼마나) 좋은지 모른다 / 학교에 안 댕기다(다니다) 다니니 재미지다 / 교실을 향하는 맴이(마음이) 콩닥! 콩닥! / 하하하 웃음소리 /〉

이 추운 날 평택에 가는 이유

오늘 아침 기온이 영하 12.4도라는데 나는 용건도 없이 평택에 가고 있다. 그것도 완행 지하철 타고. 한 2시간이나 걸리는 그곳으로 지루하게 가고 있다. 이런 나를 83세 할머니 망발이라고 할 사람도 있을 것. 남편은 이미 체념하고 봐주기로 작정했고. 객관적으로 나를 생각해본다. 나는 왜 지금 추운 날, 사촌 만나러 평택에 가는가?

한마디로 '즐거우니까.' 그 이상의 답이 없다.

사촌은 4차원이란 별명답게 무한정(?)으로 날 받아주는—자기 말로, '나사 하나 빠진 것같이 허술한' 그런 빈틈이 나를 숨 쉬게 하면서 받아준다. 사촌 옆에 있으면 내가 나를 다 내놓아도 편안하다. 살다가 지치면 그 사촌에게 달려가야지… 무슨 목적 가지고 열심히 사는 사람은 다 피곤하다. 나도 많이 피곤한 사람.

무한량한 빈틈으로, 무한량한 쉼을 주는 사촌이 좋다.

평택 동생이 차려준 밥상

평택 사촌 생각이 나서 전화한다. "요즘 뭐 하고 지낸가?"
계피 생강 등 약재 넣고 차 만들어 마신다고. 그럼 그 차나 한잔 마시러 가볼까?… 오후 2시쯤 평택역 도착.

별명이 4차원인 사촌은 점심 상차림도 특별하다.
김도 기다란 접시에 감태 김, 맨 김, 소금 뿌린 김—
상추도 적상추, 청상추, 잎 넓은 상추, 그리고 봄동—
먼저 흰밥, 나중에 금방 쑨 동지팥죽. 어제가 동지지만 그때그때 먹을 양만 쑨다고. 어려서, 우리 집은 동지죽 한 솥 장독대에 내다놓고 찬 죽 퍼다 먹었는데, 숙모님(사촌 어머니)은 적당량만, 새로 끓였다. 음식 제대로 해 든 대갓집 따님인 숙모님은 다르다. 그 숙모님 딸인 사촌은 별명이 4차원이지만 1차원 현실도 다채롭게 풍부하게 잘 살아내고 있다.

엄동설한에 싱싱한 봄동 겉절이 한 접시— 작품처럼 올라와 있는 사촌이 차려준 밥상. 인생의 낙이 거기 있었다.

정처 없이 걷는 사촌과 나

 사촌 집에서 점심 든 후 외출. 평택 공원에 주차하고 도서관까지 갔다 오는 길, 해가 넘어가려 한다.
 평택역으로 직행해야 하는데, 사촌 차는 시내 골목을 돈다. 사촌은 처음에 "언니, 서울까지 같이 가요." 극구 사양하자, 시내를 돈다. "이리 가면 평택역이 나오나?" "언니하고 헤어지기 싫어서, 정처 없이 시내 골목 드라이브."
 "정처 없이… 이 땅엔 정처가 없지. 인생 본향이 따로 있으니까. 나도 이 세상에 정처가 없어. 자네 아버지(천재 숙부님)도 정처 없이 사셨지." "언니, 서울 청파동 큰집에 갔을 때, 일하는 언니가 나한테서 기씨奇氏 분위기가 난대요."

 집에 도착하자 사촌에게 전화한다.
 "정처 없이 다니다보면, 공허감만 남는다고 했지? 그 공허감, 메꿔 줄 것 세상엔 없네. 세상은 공허, 혼돈, 흑암뿐이야. 빛이고 평안이신 예수님 만나야 하네."
 나는 예수님 만나 혼돈은 평안— 흑암은 빛—
 공허는 충만으로— 그래서 나는 항상 기쁘다.

50년 바라본 르노아르 그림 앞에서

 내 식탁에 앉으면 보이는 르노아르의 "바느질하는 여인(?)" 한 50년 동안 보고 있다. 언제 보아도 단아, 우아하면서도 소박한 젊은 부인. 요즘 르노아르 그림에 더 애착이 가는 건, 이 해설문 때문이다. "그의 작품에는 동시대 화가들과는 달리 어떠한 알레고리도 정확한 주제의 프로그램도 찾아볼 수 없다. 나아가 그의 주제는 문학마저도 벗어나 있다… 젊음의 무고無辜함과 찬란함은 그의 작품의 중심 테마이다." '젊음의 무고함과 찬란함이라니!…' 가슴 서늘해진다.

 우리 집 현관에 들어서면 정면 벽에 있는 달력 그림이 르노아르의 〈피아노 치는 소녀들〉
 늘 보고 싶어, 글 쓰는 방 소파 등받이에 기대놓은 〈머리 빗는 소녀〉 식탁에서 오랫동안 보고 있는 〈바느질하는 여인〉 내 시선이 많이 가는 곳엔 르노아르 그림이 있다.
 오래 전부터 그의 그림을 가까이 두고 보아온 건, 내 무의식이 나도 모르게 그 그림을 좋아했나보다. 모네보다 더.

모네와 르노아르

 현실을 살아내느라 지치고 불안한 내 정서가 모네의 그림에서 안정을 얻고, 그가 형상화한 아늑, 아득한 자연을 보면서 아름다움을 느끼나보다. 그런데 요즘 와서 느끼는 건데, 모네 그림엔 사람의 모습이나 인상을 형상화한 그림이 드물다. 내가 아직 못 보았다고 할까?

 왜 그럴까? 내가 한 때 렘브란트의 그림에 심취한 것은 그의 인물화에 나타나는 어떤 성스러움이었다. 그런데 르노아르의 그림엔 어떤 성스러움보다 젊음, 약동하는 생명 그대로의 아름다움이 있다. 전문가의 말에 따르면
 "그의 주제는 문학마저도 벗어나 있다… 젊음의 무고함과 찬란함은 그의 작품의 중심 테마다."
 이건 늘 뛰노는 내 청춘의 정서와도 일맥상통한다.

 항상(?) 청춘인 나. 지금도 꿈과 환상인 나.
 르노아르, 모네 그림 앞에 자주 선다.

네 아내를 키워내라

오늘 추석날 아침. 아들네 집에 가려고 준비하는데 남편이 부른다. "여보, 저, 화장실 손잡이가 어떻던가?"

그게 고장 나서 남편에게 부탁해 고쳤는데, 내가 써보니 어떻더냐고 묻는 말이다. "좋아요… 당신 손이 가, 안 좋은 물건 있나요. 당신 손이 가면 사람도 좋아지고, 나도 당신이 다 키워냈지요." 내가 너무 거창하게 말했나?

남편은 묵묵부답.

추석이라고 가족이 아들 집에 모여 토란국 먹을 때.

나는 아들들에게 아침에 남편과 주고받은 말을 해주면서, "너희들도 아버지처럼 아내를 키워내라. 아내 편 들어주고 아내 말이 아무리 장황하고 이치에 안 맞아도 다 들어주는 게, 아내 키워내는 거지… 그게 아내 사랑이고, 너 자신을 사랑하는 거야…"

아들들은 잠잠. 잠잠하게 말은 안 해도 생각은 할 것.

내가 늙어서도 문득 문득 생각나는 아버지, 어머니 말씀. 아들들도 살아가면서 내 말이 문득 문득 생각나겠지.

나는 당신 손 안에 있다

 오늘 아침에 남편과 무슨 얘기 하다가 내가 이런 말을 한다. "…내가 어리버리한 것 같아도 누구에게 속은 적 없어요. 무시는 당했어도… 욕심이 없으니까. 나는 세상 것에 욕심 없으니, 세상사람 꼬임에는 안 넘어가요… 그러니 누구라도 다 내 손 안에 있지요."
 '무슨 손 안에?' 나, 답지 않은 말이라는 듯 남편은 의아한 표정. 내가 해명한다. "내 사랑의 손 안— 정확하게 말하면 내 사랑 안에 다 들어있지요. 사랑이 세상을 이기니까."
 남편이 곧 재미없어하는 표정, 내가 더 말한다.
 "…세상은 내 사랑하는 마음 안에 있다고 말하는 나는— 나는 또 당신 손 안에 있고, 주님 손 안에 있지요…"
 남편 표정이 편안해진다.

 나는 남편의 손 안, 주님 손 안에 있다. 나는 남편이나 주님의 무한 사랑 안에 있다는 말이다.
 주님 사랑 안에 못 들어갈 사람 없다.
 죄 많은 십자가 우편 강도도 그 사랑 안으로 들어갔다.

초록 그늘 만들어준 토마토나무

 우리 집 베란다에 있는 커다란 사기 화분. 대파를 한 단 사서 심거나, 늘 비어 있는데, 작년 봄, 어디서 날아왔는지 토마토 어린 싹이 올라오더니 가지 치며 무럭무럭 자라나는데, 2미터나 뻗어나간다. 남서향 햇빛 받고 유리창 쪽으로 줄기가 길게, 높게— 화분이 큰 만큼 높이 자란다.

 자녀들은 엄마 마음 크기만큼 자란다더니, 토마토도 심어진 그릇만큼 크고 높게 풍성하게— 방울토마토 한 그루가 베란다 한 쪽을 푸른 숲으로 만들고, 방울토마토가 수십 개 열려서 잘 따먹고. 다음해 1월에도 새파랗게 살아,

 영하 18도, 혹한 한파 다 이기고 신기하게도 지금까지 파랗게 살아있다.

 다음해 봄 되자, 그 토마토나무는 시들고, 남편이 토마토 모종 세 그루 사다 심었는데 다 죽었다. 저절로 난 토마토는 잘도 컸는데, 사람이 정성들인 건 죽는 이유를 모르겠다.

 토마토나무 하나도 모르겠는데, 사람을 어찌 알까?

 사람 만드신 창조주 말씀대로 살 뿐이다.

이런 경비원아저씨도 있다

 추석 잘 쇠라고, 어느 주민이 아파트 경비원에게 떡값 얼마를 드리려고 한다. 그가 사는 아파트 경비원들은 네 분. 그 중 잘 만나는 분(팀장)에게 30만 원 드리면서 '당신 20만 원, 가끔 만나는 분, 10만 원 드리라고. 후문 경비원아저씨 두 분은 설에나 드릴까 하고.'

 그런데 팀장인 그 경비원아저씨가 10만 원 돌려주면서 말하더란다. "이렇게 큰돈 받으면 안 돼요… 20만 원으로 넷(후문 경비까지)이 5만 원씩 나누겠습니다."

 정직하고 공평한 경비원아저씨다.

 그 경비원아저씨는 이 성경 말씀을 생각나게 한다. "너희는 예루살렘 거리로 빨리 다니며 그 넓은 거리에서 찾아보고 알라 너희가 만일 정의를 행하며 진리를 구하는 자를 한 사람이라도 찾으면 내가 이 성읍을 용서하리라"(예레미야 5:1)

 나는 정직하고 공평한 삶을 살고 있는가?

 그 경비원아저씨 만큼이라도.

어느 아버지의 추석 덕담德談

　추석 쇠고 만난 오빠에게서 오빠가 자녀손子女孫들에게 한 덕담을 듣는다. 자녀손들에게 10만 원씩 주면서, "이 돈 중에서 5만 원은 꼭 남을 돕는 일에 써라. 그리고 남을 돕는 일(남에게 돈을 준다는 일)이 얼마나 어려운 줄을 알아라."

　'…반은 남을 돕는 일에 써라.'는 말씀도 귀하지만, 내가 감동한 부분은 그 뒤에 한 말씀. '…반은 남을 돕는 일에 써라. 그리고 남을 돕는(남에게 돈 준다는) 일이 얼마나 어려운지 직접 체험해 봐라'— 오빠는 돈을 가치 있게 쓴다.

　그가 오랫동안 경제계에서 일하면서 살아보니, 남 돕는 일보다 가치 있는 일 없다는 걸 체득했나? 오빠는 돈을 꼭 쓸 데다 쓴다. 나는 불쌍하면 다 써버리고. 그래서 오빠는,

　"일혜 넌 돈의 가치를 모른다!"

　'내가 정말 돈의 가치를 모르는가?'

　돈보다 귀한 게 있다는 걸 아는 것 아닐까? 돈 위에 사랑—사랑이 앞서는 순간, 돈의 많고 적음, 계산도 안 된다.

　그러나 오빠처럼 '계산'이란 절제도 필요한 세상살이다.

붉은 다알리아의 꽃말

꽃말에 대해 생각해 본다. 노란 장미 꽃말은 '질투'
어느 분은 이 꽃말에 약간 분개한다.
"노란 장미가 왜 질투하겠어요? 그렇게 아름다운데,
인간들이 맘대로 꽃말 지어놓고…"
다알리아는 꽃색이 다양하며 색깔별로 꽃말이 다르다.
다알리아 하면 보통 감사, 우미, 화려, 영화, 불안정.
  백색— 친절에 감사합니다. 붉은색— 당신의 사랑이 나를 행복하게 합니다. 장미색— 당신의 마음을 알게 되어 기쁩니다. 색깔별로 꽃말도 다양한 다알리아.

이집트 피라밋에서 발굴된 3천 년 된 미이라. 미이라가 들고 있던 꽃이 재가 돼 있었는데, 공기에 닿자 먼지 되어 날아가고 씨만 남아, 발굴한 영국 고고학자가 영국으로 가져가 심었다. 그 다알리아 꽃씨가 싹이 나 꽃이 피었다.
  다알리아 꽃말 중에는, '신의 마음을 알게 되어' 곧 '하나님 마음을 알게 되어' 꽃씨 하나가 3천 년 뒤에 피어서,
  창조주 하나님의 생명력을 증거 한다.

동생 이웃에 사는 민혜 님

올 추석 전날, 오빠와 동생 집에 가니, 다른 동생도 와 있고, 몇 년 전부터 동생이 섬기면서 사귀는 동생 이웃인 민혜 님도 있다. 민혜 님은 그날 처음 본다.

그와 같이 점심 들고, 송편 만들고 추석 김치 버무리는데, 그는 가족 같다. 왜 그랬을까?… 생각해보니 그는 욕심이 없어 보이고 어린애 같이 단순, 과장이나 자기 나타냄이 거의 없어, 상대에게 편안함을 준다.

추석 잘 쇠라고 오빠가 "한가위…" 봉투 하나씩을 동생들에게 준다. 그 자리에서 민혜 님에겐 안 주는 것 같아, 살짝 민혜님 주머니에 내 몫의 반 드린다. 그랬더니 나중에 동생이 말한다. "민혜 님에게 오빠가 직접 주기 뭐 하니까, 나한테 주라고 봉투 주었다고." "그랬니?…"

오빠는 처음 본 여인에게 대면하고 직접 줄 수 없으니, '동생 시켜서…' 예의 있는 방법이다.

오빠는 "사랑은 무례하지 않고…"

낯선 여인에게 예물 전달 방법을 아는 신사다.

돈 쓸 데, 찾는 사람

지방에서 오랜만에 동생이 서울로 올라와 우리 집 근처 식당에서 우리 자매들이 점심 먹은 뒤, 동생이 점심 후 커피를 식당 기계에서 내려가지고 와서 말한다.

"얼마 전, 오빠하고 까치울에서 점심 먹고, 기계에서 커피 내려다 드렸더니 '커피 값이다' 10만 원 내놓으시데…. 우리 오빠는 멋져, 정말 멋지다고…"

오빠만 아니라 그 동생도 멋있다. 그 뒤, 그의 매력을 곰곰이 생각해본다. 동생 중 아무도 오빠 불러내서 점심 같이 들자고 할 사람 없다. 동생은 그만큼 인간관계에 능력 있다. 늘 활짝 웃고 만나보면 재미있고, 오빠 대화 상대가 되니 좋아할 수밖에— 그 동생을 재평가한다.

가끔 강하게 투정도 부리지만 어찌 보면 그것도 귀여운 모습. 사람들이 그를 따르고 존경하기도 하니, 내가 모르는 좋은 점이 많은가보다. 같이 자라난 언니인 나도 동생을 잘 모르겠다.

이천 김 선생 댁

지하철 7호선, 신분당선, 환승해서 경강선 열차에 오른다. 1시간 좀 지나 경기도 이천역에 도착.

이렇게 가깝다니, '교통 좋은 세상' 그래도 생각나는 아버지 말씀. 우리 집이 더 망해서 오지 같은 곳으로 이사 갔을 때, 오빠가 와서, "교통이 불편하네요." 아버지 대답,

"교통이 편하다고 좋은 것 아니다." 교통 좋아 경제 발전하면 사람 많이 모이고, 그 대가를 치를 수도 있다.

각설하고, 그날 이천은 서울에서 가까워서 좋았다.

마중 나온 김 선생 차로 10여분 뒤 도착한 그 댁— 뒤뜨락인 가을 산이 보이는 식탁에서 점심 든다. 아아아! 아아 좋아, 몇 번이나 나는 탄성 지르고… 영양가 우선한 그의 우아한 상차림 보고 또 놀란다. 세계 여러 곳 강사로 다녔지만 이렇게 조촐하면서도 예술적인 상차림은 처음.

뭣보다 텃밭에서 막 뽑아다 만든 연분홍색 생채 김치 맛, 미쉐린 가이드 별 3개 드리고 싶다.

4부

선한 사마리아인법

물질은 눈에 보이는 신神이니까

지방 어느 친구가 새벽에 보낸 글이다.

"…작가님 책 일본어 번역이, 일본인들 영혼을 구하는 생수라는 생각이 들어… 잠못 이루는 밤에 일어나 기쁜 맘으로 송금하니, 조금이나마 도움(일본어 번역 출판)이 되었으면 합니다."

"일본인들 영적 생수를 위해 자신의 목숨 같은 물질을 그리도 많이(5백만 원) 보내십니까? 당신도 어려우면서…"

그날 밤 늦게 눈 붙이다 새벽 3시경, 나는 결연하게 일어났다. '오늘 즉시 그 돈 출판사로 보내서, 기일혜 수필선집 일본어 번역 출간 시작하시라고 해야지. 친구 독자가 보낸 귀한 물질, 하루라도 내 통장에 가둬두지 말고, 필요한 데로 곧 보내야 ―

물질은 곧 눈에 보이는 신神 맘몬이니까.

선한 사마리아인법

친구가 내 일본어선집 번역 출간에 보태라고 송금하면서 보낸 글이다. "며칠 전, 작가님과 통화할 때. 비용 문제로 책(일본어 번역) 못 만들고 있다고 해서, 그때 맘먹었어요. 나도 돈이 들어갈 곳이 있지만… 모자라면 적금이라도 해지할 수 있으니까요. 걱정 말고 추진하세요… 비용이 더 들면 알려주세요. 어려워 말고요."

독자는 선한 사마리아인 같다.

"선한 사마리아인" 성경 누가복음을 참고해야 한다.
"예수께서 대답하여 이르시되 어떤 사람이 예루살렘에서 여리고로 내려가다가 강도를 만나매 강도들이 그 옷을 벗기고 때려 거의 죽은 것을 버리고 갔더라, 마침 한 제사장이 그 길로 내려가다가 그를 보고 피하여 지나가고, 또 이와 같이 한 레위인도 그 곳에 이르러 그를 보고 피하여 지나가되, 어떤 사마리아 사람은 여행하는 중 거기 이르러 그를 보고 불쌍히 여겨, 가까이 가서 기름과 포도주를 그 상처에 붓고 싸매고 자기 짐승에 태워 주막으로 데리고 가서 돌보아

주니라. 그 이튿날 그가 주막 주인에게 데나리온 둘을 내어 주며 이르되 이 사람을 돌보아 주라 비용이 더 들면 내가 돌아올 때에 갚으리라 하였으니, 네(율법교사) 생각에는 이 세 사람 중에 누가 강도 만난 자의 이웃이 되겠느냐, 이르되 자비를 베푼 자니이다 예수께서 이르시되 가서 너도 이와 같이 하라 하시니라"(누가복음 10:30~37)

이 성경 말씀에 근거하여 만들어진 "선한 사마리아인법이 있다. 사마리아인은(괴로워하는 약자에 대한) 자비와 친절의 대명사이자, 계산하지 않고 상대방의 필요를 쫓아서 활동하는 자선가를 상징한다고… 즉 타인이 응급사항이나 위험에 처한 것을 인지했을 때, 자신이 크게 위험하지 않을 경우에는 타인을 위험에서 구조해 줄 의무를 부여한 것.
 이 법은 일반인의 적극적인 구호활동 참여를 유도할 취지로 만들어졌으며, 미국의 대다수 주와 프랑스, 독일, 일본 등에서 시행 중이다."

강매 선생과 오버 이야기

"내일 시간 있어요?" 강매 님 전화 받은 저녁, 잠시 망설인다. 그날 새벽 원고 정리해서 보냈고, 오후엔 가족 모임으로 피곤한 몸인데⋯ 그러나 약속한다. '내일 행신역 11시.'

다음날 아침, 강매 님에게 전화한다. "오늘(-12.8도) 거기(식당)까지 걸어 갑니까?" "남편이 차로 데려다 준대요."

'오늘 그 남편을 만나는구나.' 외출복을 점퍼에서 오버로 바꾼다. 50년 전 아버지 말씀이 생각나서—

아들이 미국 유명회사 간부인 당고모가 눈이 오고 추운 날 우리 집에 오셨다. 두툼한 털 스웨터 입고, 그 당고모가 가신 뒤, 아버지는 자기 사촌여동생에게 "쯧쯧 못난이 같으니, 오바(오버) 하나도 없이⋯"

그땐 아주머니들이 거의 오버 안 입던 때라, 아버지가 너무 한다고 했는데⋯ 오늘 아침 그 말씀이 생각난다.

강매 님 남편도 '기일혜 작가, 잠바나 걸치고⋯' 할까봐, 오버로 바꾸고. 내 삶을 지배하는 아버지 말씀이다.

흥분 안 하게 해주세요

오늘 아침(-12.8도) 강매 선생에게 전화로 약속 장소 확인한다. 날씨가 추워 그 남편이 약속 장소까지 차로 데려다 준다는 얘기 듣고, 나는 가슴 떨면서 흥분하기 시작—

내가 낯선 사람을 처음 만나는 건— 신세계를 발견하는 것.

내 옷차림도 점퍼에서 오버로 바꾸고… 남편 아침 준비하면서, 흥분 못 이겨 집안을 가볍게 뛰어다닌다.

강매 님 남편은 국어교과서에도 나온 저명한 학자 집안. 그 학자의 훈향이 그 남편에게도 남아있을 것 같아 가슴 설레다, 나중엔 기도까지 한다. "하나님 흥분 안 하게 해 주세요… 하나님 오늘 저, 흥분하면 안 돼요."

경의선 행신역에서 만난 강매 님과 승용차에 오르니, 운전석의 그 남편이 보도의 희끗한 눈을 보면서 내게 말한다. "나이를 생각하셔야지요. 넘어지면 끝입니다, 끝."

그의 실용적인 조언에 내 떨림은 즉시— 사라진다.
환상이 걷히면서, 착실한 생활인, 그 남편이 보인다.

또 한 사람의 사촌 여동생

천재숙부님(별명)의 딸인 다른 사촌 여동생.

그를 얼마 전 집안 결혼식장에서 만났다. 그는 나보다 28년이나 어려서 내왕이 거의 없었는데, 그 결혼식 끝나고 친척 대여섯이 찻집에 들렀을 때, 거기서 그를 다시 보았다. 나중에 물어보니, 그는 대학에서 상담학 전공했다고.

내가 그날 주목한 건, 그의 온당한 분별력이다. 그날 좌중에서 누가, 소문 들으니— 집안 질부가 남편 병석에 눕자, 전답 팔고 시집 형제들과 불화한다 하니. 그 사촌여동생이 말한다. "소문만 듣고 말하면 안 돼요. 사실과 다를 수도 있으니까요." 맞는 말. 소문은 사실과 다를 수도 있다.

헤어지면서, 그 사촌이 내게 말한다. "언니(평택)랑 만날 때, 나도 좀 불러주셔요." 그 말이 남아서, 그에게 만나자고 전화하니, 언니랑 우리 집에 오겠다면서,

"일혜 언니는 어려워서…"

어려우면 안 되는데… 그와 친구가 되면 어렵지 않다.

친구가 되려면 시간, 사귐이 필요하고.

방탄소년단(BTS)의 노래 "소우주"

청옥 님과 간 찻집. 한쪽 검은 벽에 수많은 별이 떠 있고, 그 가운데 작은 산데리아 10여 개. 내가 "무수한 별빛이 아득하네요." 청옥 님, "BTS 노래 '소우주' 같이… '소우주'에선 세계 인구가 70억, 지금은 80억이에요. 세계 어디에서는 인구가 증가하나 봐요… 아침 먹을 때 BTS 노래 들어요."
"소우주" 가사

> "반짝이는 별빛들 / 깜박이는 불 켜진 건물 우린 빛나고 있네 / 각자의 방 각자의 별에서 / 어떤 빛은 야망 / 어떤 빛은 방황 / 사람들의 불빛들 / 모두 소중한 하나 / 어두운 밤(외로워 마) 별처럼 다(우린 빛나) / 사라지지 마 / 큰 존재니까 / Let us shine / 어쩜 이 밤의 표정이 이토록 또 아름다운 건 / 저 별들도 불빛도 아닌 우리 때문일 거야…"

방탄소년단의 "소우주" 사람 하나하나를 소중히 여기시는 하나님 사랑을 말하는 것 같다.

고요한 충격이 되는 독후감

"선생님, 새우(바다)를 사서 무 넣고 찌개하는데, 점심 들러 오실래요?" 동네 시인 전화에 내가 대답한다.
"제가 지금 몸이 안 좋아서 못 가겠는데요."

"선생님 책, 다 읽었어요… 선생님 글은 너무 높은 벽이어요. 물속에서 물이 흐르는, 그런 고요를 아서요?… 거기서는 물고기도 조용히 간답니다. 선생님 글은 참 수준 높은 고요를 가지고 있으니까, 제가 넘을 수 없는 벽을 가지고 있어요. 선생님 글은— 내 부족함을 감추지 않은 것, 내 부족함 내놓을수록 (독자는) 더 편안하고 흐뭇하고, 오히려 선생님을 더 높이는 거요… 선생님, 글에 천진스런 부족함을 더 많이 내놓으세요…"

깊이 있는, 고요한 독후감이다.

작가에게 어떻게 쓰라는 선한 요구도 들어있는 독후감,

작가에겐 고요한 충격이다.

<빨간 머리 앤> 좋아하는 선하 언니

 정수기 코디 님 맞이하려고 해도 마음의 준비가 필요하다. 나는 요새 무리했는지, 다시 코피가 나기 시작하고, 어지럽고 남편도 외출해서 그를 혼자 맞이할 심신의 여유가 없어 '코디 님 다음에 오셔요.' 하려다— 안돼! 내가 참고 견디기로 하자 하고… 시간 되자, 예정대로 코디 님 오시고.

"남편 오늘 외출했어요, 우리 차나 한 잔 마셔요."
그와 나, 차를 마시는데, 그가 말한다.
"…어머니, '빨간 머리 앤' 아셔요?" "알지…"
"'빨강머리 앤' 보면 어머니(기일혜) 생각이 나요." 그는 스마트폰을 펴 보이는데 빨강머리 앤 캐릭터 사진이 있다.

 그를 만나, 10년쯤 지난 지금, 그가 '빨강머리 앤' 좋아하는 환상, 꿈이 있다는 걸 이제야 안다. 그를 성실, 근면의 표본으로만 알았는데, 그런 환상이 있다니… 그래서 작가인 나와 대화가 되었구나… 사람은 얼마나 오래 사귀어야 알게 될까? '아무리 오래 사귀어도 사람속은 모른다.'

헌 운동화 한 켤레가 만드는 기쁨

날마다 산에 다니는 동생이 운동화 뒤축이 닳아져서, 내가 그걸 들고 왔더니, 남편이 동네 구두 수선집에 맡겼다.
'남편이 잘 부탁했을까?… 부탁도 정성들여야 하는데…'
걱정 되어서 내가 구두 수선집으로 간다. 몸이 안 좋다던 내가 나가는 걸 본 남편의 말, "헌 운동화 고치는데 부부가 다 나가네…" "구두 수선집 사장님이 내 독자라… 그분이 〈나는 왜 사는가?〉 내 책 본 걸 지금도 기억하고 있어요. 그래서, 내 동생 거니 잘 해주시라고 특별 부탁하러 가요."

구두 수선집 사장님(여)께 부탁하고, 내 책 한 권 드리면서, "사장님, 기씨奇氏 며느님도 잘 있어요?"
"오늘이 우리 며느리(기씨) 생일인데!…" "운동화 찾으러 오는 남편 편에, 며느님에게도 책 한 권 생일 선물할 게요."
"고마워요." 선물할 책에 사인한다. "기효진 님. 시어머님은 제가 몇 십 년 지켜본 인격자입니다. 잘 섬기세요."

헌 운동화 한 켤레가 몇 사람을 기쁘게 한다.

평택에 사는 사촌

 비가 계속 내리는데, 평택행 전철에 올랐다. 평택역에서 사촌 만나 천안으로— 천안 사촌 만나 저녁까지 들고 다시 평택역으로 가는, 빗속의 밤길.

 차 속에서 하는 사촌(별명이 4차원) 얘기,

 "…어머니는 지독히도 입맛 까다로워, 여름엔 확독에 날마다 고추 갈았어요. 날마다 김치 담갔어요. 아침에 일어나면 눈 비비면서 이슬 털고 호박, 가지, 고추 따러 갔어요. 그게 싫었어요." "저녁에 따두면 시드니까, 싱싱한 반찬 만들려고 그러셨겠지… 그래서 형제들 지금 건강하잖아."

 "…아버지는… 〈파우스트〉에서 마지막 부분이던가 어디, 그 파우스트 박사가 부르짖는 데 있어요. 그 부분을 줄줄 외워요. 어떻게 그렇게 외우시냐고 물어보니까, 한번 보면 그대로 다 기억이 난대요…" "그래서 늬 아버지, 천재라고 하잖아. 파우스트 얘긴 너한테 처음 듣는다."

 진즉 만나 숙모님, 숙부님 얘기 많이 들었으면 그분들을 더 이해했을 텐데… 만시지탄晩時之歎이다.

천안에 사는 사촌

 그날 평택역에 10시 15분쯤 내린 나. 마중 나온 사촌 차로 천안 사는 그의 동생 집으로 가는데, 사촌이 말한다.
 "…언니(기일혜), 동생(천안)은 나하고 달라요. 성격이 까다로운 어머니를 나는 싫어했는데, 동생은 어머니 뜻 다 받았어요." 별명이 4차원인 그는 자기 동생에게 객관적이고도 아량 있는 언니다. 그는 생각이 광대무변(?)해서, 내 작가적 얘기도 잘 들어주기에 그를 만나면 느긋하고 편안해진다.
 곧, 그의 동생, 천안 사촌 만난다. 밖에서 점심 들고, 찻집에 들러 대화하고 천안 동생 집으로— 포근한 주방에서 저녁 잘 들고 일어나는데, 그 동생이 말한다.

 "새벽에 이런 생각을 했어요. 83세 언니가 여길 오신다니, 보통 일 아니다…" 그러면서 내미는 봉투— 동생이 주는 여비 정도라 생각하고 어른답게 받는다. 나중에 보니, 거금!… 요즘 '가난하고 병든 친구' 걱정하고 있는데, 주님이 아시고 그에게 준비시키셨구나.
 내가 오늘 이 빗속에— 서둘러 온 것도 이 때문인가.

하마터면 놓칠 번한 보화

천안 사촌동생. 그를 안 만났으면 어쩔 번했을까?
내 소유, 다 팔아 살 만한 보화 같은 동생.

사람 만나 얘기해 보면 대강 알 수가 있다. 그날 낮 11시부터 저녁 7시까지 8시간 동안, 천안 동생과 거의 하루 종일 지냈으니… 더구나 그(55세)의 언니(63세)와 함께— 사람이 형제와 같이 있으면 그 마음이 더 잘 보인다.

그와 점심 후, 차 마시면서 많은 얘기 나누고. 그의 집에 가서 장성한 자녀들도 만나고, 저녁까지 들면서 그의 하루 인생을 같이 살았으나, 그에게선 내 마음에 거슬린 흠, 티 한 점 발견하지 못했다. 그는 내가 83세까지 만난 여자분들 중 예수님 성품 닮은 보화 중 보화다.

천재 숙부님 따님은 사랑의 천재—
내 소유 다 팔아 예수님 닮은 그 성품 사고(배우고) 싶다.

함박눈 쏟아지는 이른 아침에

이른 아침 눈이 막 쏟아진다. '어떻게 하지… 가만있을 수가 없구나.' 눈 보러 밖으로 나가려다 말고, 안방 문을 열고 자고 있는 남편에게 말한다. "눈이 와요. 잠을 깨도 어쩔 수 없어. 눈이 오면 사람은 어쩔 수 없는 거야…. 내가 천국에 가도 눈은 꼭 있어야 해요… 당신도 꼭 있어야 하고…"

나는 동향방에 놔둔 흔들의자를 조심스레 꺼내다 거실 창가에 놓고, 흔들의자에 앉아 내리는 눈을 한참 바라보다가 손자에게 전화한다. "눈이 하얗게 쏟아져서 좀 보라고… 낭만적인 할머니가 안 낭만적인 손자에게 전화한다."
　손자가 막 웃는다. 손녀에게도 전화하니 집이라면서, 금세 부드러워지는 음성. 곧 거실로 나온 남편에게도 말한다.

"눈이 오는 날은 부드러워야 해요, 누구에게나 부드러워야 — 눈은 오염되고 굳어버린 사람 마음, 깨끗하고 부드러워지라고 내리는 하나님 말씀 —
　삼라만상, 자연을 통해서도 하나님은 말씀하셔요."

눈 오는 날의 전화 통신

눈이 온다고 내가 흥분해서 전화할 친구는 이제 없다.

조용한 노년인 그들에게 죄송하기도 해서.

용건이 있어, 셸라 킴에게 전화하니, 첫마디가 갑자기 "모시 모시(일본어로 여보세요)?"

나는 그 '모시 모시' 소리에 그만 웃음보가 터진다. 용솟음치는 웃음을 못 참고 한참을 큰소리로, 악쓰듯이 막 웃어댄다. 나이 70도 안 된 내 친구 셸라 킴이 갑자기 일본말로 '모시 모시라니?' 내 전화 받는 그의 유머가 기발하고 기막혀서 정말 까무러칠 듯이 웃는다.

그날, 그는 다리가 많이 아파 누워있었는데, 내 통쾌한 웃음소리에서 활력을 얻었다고. 남의 활력— 부러워만 한 게 아니라, 자신도 동화돼 남의 활력 내 것으로 만들었다고.

남의 건강이나 웃음에서 힘을 얻는 친구.

경쟁심리, 피해의식 전혀 없는 친구다. 나 같으면 남의 통쾌한 웃음 부러워하면서 아픈 다리에 매어 있을 건데.

저를 용납해 주셔서 감사합니다

포항 친구(명애 님)에게 내 책 보냈다. 일반우편으로 보냈는데, 소식이 없다. 바빠서 소식 못 전할 수도 있어, 그러려니 하다 궁금해져서 전화 하니, 책 못 받았다고.

집이 이사했는데, 이사 간 집 주소, 내게 안 알려서 그렇다. 자기가 출판사로 주문하겠다고.

그는 몸이 불편했는데, 며칠 전 무리해서 전남 무안 상가(교우) 장례에 다녀와 독감A에 걸려 열이 40도까지 올랐다고⋯ 내 건강보다 남의 슬픔 우선한 그 마음이 거룩해서 이런 글 보낸다. "그렇게나 바쁘고 아프셨군요. 위로 겸해서 제가 다시 책 보낼 테니, 새 주소— 출판사 말고 저한테 꼭 보내세요. 그래야 앞으로도 책 보내지요⋯ 이래서 당신과 더욱 굳건한 우정이 되고요." "감사합니다. 저를 용납해 주셔서요. 독감 바이러스가 싹 사라진 것 같습니다."

"명애 님, 멋있어요. '독감 바이러스 싹 사라진 것 같다' 이 말씀도 멋있지만, 새 주소 저에게 보낸 건 더 멋있어요."

떡과 커피, 어스름 저녁이 있는데

 친구의 산 속 밭에서 가을걷이하다 보니, 해가 넘어간다. 가을걷이한 것들, 들고 메고 산을 내려간다. 친구는 무거운 배낭 메고도 꼿꼿하게 앞장서서 걷고. 나는 양손에 짐 들고 쓰러질 듯 내려간다. 난 배도 고프고, 허리가 꼬부라지면서 끊어지려고 해서, "아이고 내 허리 끊어지네!"
 친구도 나를 웃긴다. "아들이 점심 때 전화해서 뭐 하느냐고 해서 '오늘 작가님하고 밭(산 속)에 간다.' 했더니, 뭐라고 한 줄 아세요. '그 여리 여리한 고령의 노인들이' 하잖아요."

 산 밑에 세워둔 그의 차 안으로 들어가서 몸을 부린다. 친구가 "아이고 말 할 힘도 없네…"
 그는 곧 떡과 커피와 사과를 꺼낸다. "먹어야 힘이 나요."
 벌써 초저녁, 차창 밖으로 어스름이 서서히 밀려온다. 나는 피곤도 잊고 그만 초저녁의 낭만에 젖어든다.
 "떡과 커피가 있고 저녁 어스름이 있고 좋네요."
 "저기 수은등도 있고, 수은등 꽃이 핀 저녁이네요…"

하나님이 다니시는 길

 막막한 날, 적막강산 아니라 황량무한한 날… 사람이 안 보이는 무한한 사하라 사막은 무시무시한 아름다움이라고 하나, 그 곳에서 나는 아름다움보다 공포심을 가질 것 같다.

 오늘 '착한 친구' 만나 경의중앙선으로 운길산 "물의 정원"에 갔다. 맑은 가을날이라 인파들이 몰려다닌다.

 강을 끼고 산도 있고 넓은 초원 푸른 나무들, 솜사탕 뜯어 먹으면서 걷는 아가씨도 있고… 친구는 큰금계국이 핀 들판 보면서 감탄. 나는 웬일인지 감탄이 안 된다. 가족 5명이 페달 밟으며 가는 인력거 같은 자전거도 신기하지 않고… 난 도대체 뭣이 신기한가? 편안한 자연이나 사람 모습은 이제 새롭지 않다. 더 새로운 것. 진하고 깊은 고난, 불행 있는 곳이 새롭다. 안일에 빠져 있는 내 가슴을 친다.

 내 인생, 편안한 길엔 하나님이 안 다니신다고 한다.
 하나님이 다니시는 길은 고난과 불행이 있는— 고난과 불행 있는 길에 주님이 계신다. 그분 만나려면,
 그 '새로운 길'로 가야 한다.

저녁에 온 두 방문객

어느 날 저녁, 내 책 내는 출판사 여직원 두 분이 우리 집에 오셨다. 그들과 근처에서 저녁 들고 집으로 향한다.

밤 깊은 줄 모르고 대화하다 보니, 밤 10시가 넘었다.

그 중 한 분은 남편 팬(?)이라면서 남편 만나고 가겠다고. 남편은 그날 그 손님들 피해서 소요산에 갔는데… 남편 만나겠다는 분. 공적인 일로 만났는데, 내 집까지 오시라고 왜 초대했을까?

어느 오후 출판사에 들렀을 때, 힘없어 보이는 내게 그 여직원은 남은 점심 김밥 몇 개를 권한다. 그 살가움에 스스럼없이 먹고, 나올 때— 순천 친정어머니가 주신 둥굴레 몇 뿌리도 주시고… 공적으로 만나는 사무실에서도 온정 주고받으면 관계가 이뤄진다. 인생은 다 기회다. 김밥 몇 개, 둥굴레 몇 뿌리로 사람 마음을 살 수가 있다.

사람 마음 많이 사는 인생이 승리한다.

사람 마음을 살 수 있는 기회는, 주위에 널려 있다.

퀴리 부인처럼

노벨 물리학상을 받은 퀴리 부인은 자기 학문과 가정생활에서 승리한 여인이다. 오늘 친구 따님 결혼식에 가서 이 얘길 덕담으로 해주려고 한다. 그 따님이 이과 전공이기에.

그런데 남편은 결혼식 앞두고 긴장된 신부에게 퀴리 부인 얘기는 너무 무겁다, '오늘 참 아름답다, 축하한다.' 가볍게 하는 게 낫다고 충고— 그래도 나 같으면 혼인 예식 바로 전에 들은 말은 평생 남을 것 같아, 그날 신부에게 이(퀴리 부인) 덕담 하자— 깜짝 놀란다. 그 놀람이 어떤 의미인지 몰라도 내 예상은 빗나간 듯. 남편 말 들을 걸.

삶에서 지나친 이상론은 무의미한가.

그래도 축하금 봉투에 남긴 내 덕담, "세○ 님, 잊지 않고 있어요. 어머니 통해 전해 주신 마음, 마음들. 퀴리 부인처럼 가정과 전공분야에서 승리하시고. 하나님과 가족들에게 영광 드리시길… 어머니 친구 기일혜 드림"

생활엔 상식과 이상, 다 필요하다.

어째야 쓸까, 어째야 쓸까?

　판교, 친구 딸 결혼식장. 신부 측 예물 받는 청년에게, 신부에게 보내는 덕담 적힌 봉투 꼭 전해달라고 당부. 청년은 해맑고 남자로선 드문 청초함 수준인데, 신부와 이종사촌.
　"…아아 어머니가 수원 연서 님?" 맑고 신선하게 빛나는 청년이 남아, 귀가해서 수원 연서 님에게 전화한다.

　시부모님 모시고 사는 그에게 짧게 말한다.
　"…당신 인생 승리했어요." "작가님 왜요?" "오늘 결혼식장에서 당신 아들 봤어요, 그런 아들 둔 어머니 인생은 승리한 거요. 아들이 앞으로 어떻게 살든— 그런 성품 가졌다는, 그것만으로도 어머니인 당신에겐 기쁨과 보람이지요."
　연서 님은 감격해서 "…아이고 어째야 쓰(쓸)까? 어째야 쓰까?… 우리 언제 만날까?…"
　내 친구가 전해준 내 책을 연서 님이 읽고, "언니 그 작가(기일혜) 만나려면 대학원에 등록해야 할까?" 그런 그가,
　이제, 지금은 내 친구가 되어 '우리 언제 만날까?…'
　사랑은 대등한 관계를 원한다.

자네가 달리 보이네, 멋있네

 판교 예식장에 들렀다가 다시 수원 예식장에 같이 가려고, 지하철 수원시청역에서 오빠를 만났다.
 오후 2시 반. 결혼식장은 택시로 5분 거리. 3시 결혼식엔 여유가 있다. 잠시 역사 안 쉼터에 앉았는데, 오빠(89세)가 맞은편 매점에 가서 커피와 작은 캔디를 무인정보단말기(?)에서 주문하고 받아 온다. 영어, 일어, 컴퓨터에, 지성 교양 매너에 체력까지— 세계 어디를 가도 자유로운 오빠 따라서, 택시로 예식장 앞에 내린다.

 예식 끝나고 친척들이 찻집에 갔다. 다른 숙부님 두 아들도 함께. 두 사촌은 세칭 명문고교 대학 출신. 궁금한 게 있어서 한 사촌에게 묻는다. "자네는 좋은 직장에 다니더니, 왜 지금도 거기 사는가? 직장이 거기 있어서 사는가?"
 "아니요, 제 월급으론 서울 도심에 집 살 여유가 안 되니까, 일찌감치 변두리에다 집을 샀지요."
 "어머나 자네가 달리 보이네, 참으로 멋있네."

내 눈엔 더러운 것도 안 보일 때가 있다

어제 아버지(남편) 생신이라고 자녀들이 모였다.

저녁은 동네 식당에서 외식, 예약해 놓고.

먼저 집에 들른 며느리 앞에, 내가 씻어둔 커피 잔 꺼낸다. 며느리가 커피 잔 한 개에 물을 부어 다시 씻으려고. 의아해서 보니 하얀 바닥에 커피 얼룩이 진하게 묻어, 내가 얼른 갖다 씻어도 안 지워져 물에 담그면서, "잘 씻었는데, 난 더러운 것도 안 보일 때가 있다. 너, 생각해봐라. 내 생각이 늘 비현실을 헤매다 내려오니, 땅에 것— 뭐가 잘 보이겠니?"

며느리가 웃어준다.

젊고 깔끔한 그가 내 비현실적인 얘기, '더러운 것도 잘 안 보일 때가 있다는 말' 알아들을까? 그래도 내 속을 그대로 그에게 말할 수 있어 좋다— 외식 후, 집에 온 그 며느리가 과일 씻는데, 주방 오븐 주위를 닦고 있는 나. 그가 "어머니 뭐 하세요?" "여기에 뭐가 묻어 있는 것 같아서… 정신 차리고 보니, 어디 뭐가 묻은 것도 보인다."

며느리와 나, 서로의 속내를 안다는 듯, 막 웃는다.

나는 카프카는 아니지만

혼자 조용히 있고 싶으나, 가만 놔두지 않는 삶.
가만 놔두지 않는 삶이 나를 살리고 있나?
카프카는 작가로서 가장 좋아하는 '삶의 방식'을 말한다.

"글을 쓴다는 것은 자신을 지나칠 정도로 활짝 열어놓은 것을 뜻합니다… 그렇기 때문에 글을 쓸 때는 아무리 혼자 있어도 충분치 않습니다. 갈 길은 먼데 쉽게 길을 잃어버리기 때문입니다… 나는 자주 생각해 보았는데, 내게 가장 좋은 삶의 방식은 글 쓰는 도구와 램프를 가지고 밀폐된 지하실의 가장 깊숙한 곳에 앉아 있는 것입니다.

사람들이 음식을 가져다주는데, 내 방에서 멀리 떨어진 지하실 밖 가장 먼 방에다 내려놓습니다. 잠옷을 입고 음식이 있는 데로 가는 아치형의 천장이 있는 복도가 유일한 산책길이지요. 그리고는 천천히 책상으로 돌아와, 찬찬히 생각에 잠겨 먹고 나서 곧 다시 쓰기 시작합니다. 그리고 나서 무엇을 쓰게 될까요! 얼마나 깊은 곳에서부터 그것을 끄집어내게 될런지요…"

글쓰기의 어려움을 알리고 싶어서, 카프카의 글 옮겼다.
"…얼마나 깊은 곳에서부터 그것을 끄집어내게 될런지요…"

나는 지나치게 무례할 정도로 많이, 부모 형제 가족 친구 독자들 얘기를 그대로 쓴다. 그러나 한 번도 크게 불만하지 않은 그들. 그들에게 난 사죄의 마음, 가득하다.

특히 남편은 나와 부딪힘이 많아서, 그에겐 기분 나쁜 얘기도 많이 썼을 텐데, "자네만 빛이 난다면— 난 아무렇게 써도 좋네." 이런 남편의 관용에 기대어 나는 글을 쓰고 있다.

오늘 아침 카프카의 글 다시 읽다가 울컥해서 남편에게 가서 말한다. "…카프카는 자기가 가장 글쓰기 좋은 장소가 밀폐된 지하실이래요. 음식도 지하실에서 멀리 떨어진 방에다 누가 갖다 놓아주고… 그런 정적 속에서 글을 쓰고 싶대요.

나는 카프카는 아니지만 굉장히 과민, 소심 유약 예리한 생명이라 조용하게 살면서 글 써야 하는데, 그 많은 인생 어찌 다 살았을까요?… 그 많은 과로 탈진 어지러움 스트레스 분노, 당신에게 다 쏟아버렸기에 살아갈 수 있었겠지요." "……"

당신을 만날 힘이 없습니다

나를 만나자는 친구들에게 사정하는 글 보낸다.

"저는 이제, 사람 만나 교제할 힘이 없습니다. 당신, 당신의 친구들 만날 힘도 없습니다. 작가로서, 책임을 다 하기 위해— 어쩌다 용건으로나 잠시 만날 힘밖에 없습니다.

코피가 나다가 말다가… 원고(산문집 2) 겨우 넘겼습니다. 언제나 겨우 넘기는 내 원고는 부족하지만 살아있습니다… 보관하신 선물은 받으러 갈 힘도, 여기 앉아서 받을 힘(마음)은 더— 없습니다.

제 냉정함과 독단을 용서하십시오. 주님 안에서는 늘 교제하고 소통하는 우리— "올해도 저를 고통의 방법으로 사랑해 주세요. 저를 사랑하시는 방법이 고통의 방법이라는 것을 결코 잊지 않도록 해주세요…" 한 시인의 시구詩句를
　　당신과 당신 친구들, 그리고 나에게 보냅니다."

나는 왜 꿈속에서도 책 선물 하는가?

이번 책 제목을 못 정하고 지내는 며칠 밤. 자다 깨다가 잠이 든, 오늘 새벽 꿈속이었다… 내가 어디인가 가서, 강의하고 나와서— 멀리서 차 타고 온 독자(여) 몇 분에게 사인해 주고… 돌아서려는데, 운동장 중앙 층계에 200명쯤 젊은 여인들이 앉아 나를 보면서 박수로 환호한다. 나는 그들을 두고 차마 떠나지 못하고, 그들에게 외친다. "내 책 보고 싶으면 나한테 전화하세요! 다 부쳐드릴 테니까요!…"

나를 환호하는 독자들에게, 내 책 못 드리고 가는 마음, 몹시 애달프고 안타까워 머뭇거리다가 꿈을 깼다.

'내가 책 제목 못 정하고 속 타고 있으니까, 주님이 꿈으로 보여주셨나?'

이번 책 제목을 꿈속에서 본 그대로 한다면,
〈나는 왜 꿈속에서도 책 선물 하는가?〉
결국 책 제목이 되진 못 했으나, 내 작가 인생의 한 단면을 잘 보여주는 제목이라고 생각한다.

가족이니까 이런 말도 하지요

가족들이 모이면 시간 가는 줄 모르고 이야기를 계속—밤을 새울 것 같다. 두 아들 내외는 같은 연령 대, 같은 교회에 출석해서 오랜만에 만나면 얘기가 많다. 정치, 경제, 신앙에 대한. 그런 얘기 듣는 것도 내겐 공부.
아들이 대학생이면 엄마도 대학에 다닌다고 하듯,
아들 며느리들 얘기 들으며 난 젊은 세대를 배운다.
얘기 주제에 대한 의견이 서로 다를 때도 있다.

그럴 때, 아들이 말한다.
"(부정적으로만 볼게 아니라) 그냥— 끌려도 가주는 거야!…"
나와 다른 의견도 수용하자는 겸허, 순종스런 말이다.
마지막으로 이렇게 끝맺음하는 다른 아들의 말도 평안으로 남는다. "가족이니까 이런 말도 하지, 어디 가서 이런 말 하겠어요."

'모이기를 힘쓰라'(히브리서 10:25)
모여서 대화하면 이해되고, 이해하면 사랑하게 된다.

보일러 기사님과 남편의 대화

입주한지 10년이 넘어간 우리 아파트. 보일러가 말썽부린다. 더운 물이 안 나오다, 난방이 안 되다— 오늘 보일러 수리 기사님이 오셨다. 나는 거실 의자에 앉아 대기 중.

기사님은 "마른걸레 주세요." "물 따를 긴 병 주세요." 하더니 조용. 나는 막 도착한 〈창조문예〉 신년 1월호 보고… 기사님과 남편 말소리가 조근조근, 아버지와 아들 대화같이 다정하게 들린다.

기사님이 일을 마치고 청구할 금액 계산 중. 내가 한마디. "아까 기사님과 남편이 주고받는 말소리가 아버지와 아들 같았어요…" 그는 계산하다 말고, 고개 들어 거실 그림을 물끄러미 바라본다. "…갤러리 같네요." "그림을 좋아하시구나… 인상이 온유하셔서 앞으로 인생 승리하실 거요."

"그림으로 분위기가 온유해서 그렇지요."

자기의 온유한 인상은 거실의 그림 때문이라는 것.

그의 소박한 겸손함에 거실이 조용해진다.

90세 마담이 커피 가져왔습니다

주부 작가인 내가 글 쓰려면 일상의 분산을 줄여야 한다.

글쓰기는 깊은 밤중이나 새벽이 좋지만 원고 교정은 낮이라도 집중하면 된다. 나는 책 한 권 교정을 서너 번 보는데, 이번은 첫 교정이라 더 집중. 남편이 집에 있어 약간 분산되는데, 커피가 마시고 싶다.

내가 나가서 커피 타고 어쩌고 하면, 이 몰두가 깨어질 것 같아, 앉아서 거실의 남편에게 전화한다. "여보세요, 미안하지만 커피 한 잔만 타다 주세요."

순순히 받는 남편, "알았다고."

남편이 커피(가루) 넣은 컵과 비스킷, 커피포트 놓인 쟁반 들고, 키 큰 노인이 허리 굽히며 하는 말,

"90세 마담이 커피 가져왔습니다 …(미안합니다)…."

춥다고 헌 점퍼까지 입어, 엉성한 차림의 노인이 그래도 자기가 마담이라니, 폭소를 터뜨리는 나!… 남편의 예측 불허 한마디가 나를 몸부림치며 웃게 한다.

'90세 마담 얘기' 다시 해주세요

어제 셀라 킴에게 내가 해준 남편 얘기.

"90세 마담이 커피 가져왔습니다."

오늘 아침, 그가 전화해서, "90세 마담 얘기 다시 해주세요. 어제 저녁 세면실에서 그 얘기 생각하다 얼마나 웃었는지, 하마터면 넘어질 뻔했다니까요. 세상에 그런 남편 없어요. 집 안에서 남편에게 커피 주문하는 기 작가님도 대단하고요. 남편이 대단하세요."

그래서, 어제 그에게 한 남편 얘기, 다시 반복— "교정 보다 분산 안 하려고 내 방에 앉아서 거실 남편에게 전화로 커피 주문하니, 남편이 들고 와서, 하는 말이 '90세 마담이 커피 가지고 왔습니다. 미안 합니다.' 하더라고요. 그 '미안 합니다.'가 이제야 생각나네요." 셀라 킴은 그 얘기 미국인들이 들으면 많이 웃을 거라면서 남편이 대단하다고 한다.

"유머는 상황에 맞게 적절히 사용한다면,
마음 치료의 도구(약)가 될 수도 있다."

내가 남편과 결혼한 게 대대박 이라고요?

오늘 아침, 밥하면서 주방 바닥을 닦다, 남편이 '대단하다'는 셀라 킴 말이 떠오르면서 생각나는 이야기, 내 결혼 이야기다— 그때도 남편은 대단했다. 남편은 내게 고단수로 청혼하고, 그 고단수에 넘어간 나. 세상에 그런 청혼이 어디 있어, 그것도 고도의 작전이었나?

"…나는(그때 남편) 오지뚝배기 같은 여인이 맞습니다… 기 선생님은 이조백자(?) 같아서…"
'나를 좋아하나 자격 없으니, 나를 멀리 하겠다.'
그때 나는 대학 진학공부 하면서 동료 남교사(남편) 거들떠도 안 본 오만한 여교사였는데, 자신을 정중하게 낮추는 그의 청혼에 그만 넘어갔다.

내 결혼 얘기 들은 친구는, "결혼할 땐 김 선생님(남편)이 대박! 지금은 작가님이 대대박!"
부모님도 내가 '밑지는 결혼' 한다고 상심이 많았으나— 그 남편이 지금 나 글 쓰게 하고 있다.

기일혜 작가의 끝나지 않은 이야기 ❷
내 인생 통째로 넘어갈 때

초판 발행일 2024년 3월 25일

지은이 기일혜
펴낸이 임만호
펴낸곳 창조문예사
등 록 제16-2770호(2002. 7. 23)
주 소 서울 강남구 선릉로112길 36(삼성동) 창조빌딩 3F(우 : 06097)
전 화 02) 544-3468~9
F A X 02) 511-3920
E-mail holybooks@naver.com

책임편집 김미정
디자인 이선애
제 작 임성암
관 리 양영주

ISBN 979-11-91797-44-2 03810
정 가 7,000원

※ 잘못된 책은 바꾸어 드립니다.